PPバンドで作る

ベトナムのプラカゴ

デザイン　富田 淳子

文化出版局

「プラカゴ」は、PPバンドで編んで作るカゴのこと。

PPバンドは、荷造りや梱包に使うプラスチック製の平ひもです。

PPバンドを使って作る「プラカゴ」は、

軽くて耐久性に優れているので重いものも入れられ、

水に強いので、汚れても気にせず丸洗いでき

生活の様々なシーンで活躍します。

家の中では、ランドリーバスケットやタオル入れ、

散らかるものをまとめて入れても絵になります。

外では、毎日の買い物はもちろん、ピクニックや海水浴にも便利。

土で汚れても平気なので、庭仕事にも重宝します。

ベトナムでは、プラカゴは「ヨーベー」と呼ばれ、
エコバッグとして市場や路上、家の中など
生活に密着する様々な場所で利用されています。

ベトナムのプラカゴは、何よりもカラフルなのが魅力。
本書では、ベトナムのプラカゴの作り方や配色をそのままに、
日本の暮らしに馴染むように、色合わせを楽しみながら作れる
易しい作品を中心に、紹介しています。

INTRODUCTION

ごあいさつ

プラカゴやPPバンドという言葉が、まだ広く知られる前、
ベトナムのエコバッグ通販専門店として、ネットショップを始めました。
そのうちにお客様からの要望があり、材料のPPバンドを仕入れるために
何度も何度もベトナムのお店に足を運びました。
その後、ベトナムの方々とのご縁により、仕入れることが可能となりました。

長く、プラカゴもPPバンドも扱っているものの
自分で作ることは数えるほどで、今まで過ごしてきました。
そんな私が日本製のプラカゴ用PPバンドを販売することになり、
サンプルを作らなければいけない状況に…。
初心者同様で始めたプラカゴ作りに今更ながらハマり、
その様子をブログで紹介していたところ、本書のお話をいただきました。

私にはいつか、ベトナムらしいプラカゴ本を作りたいという夢がありましたが、
現状の自分の技術で良いのか悩みました。
決断ができたのは、今まで応援や助言をくださった方々、そしてお客様のおかげです。
プラカゴと出会ったことにより、様々なご縁をいただいたと感じています。
いつかは飽きてしまうかもと思っていても、
ベトナムの作り手は、次から次へ新たなプラカゴを見せてくれます。
思いもつかない色合わせも楽しみのひとつです。
これからもずっと、プラカゴに携わりながら、ベトナムの人たちとも付き合っていきたいです。

本書を作るにあたって、私のような不器用で大雑把な者でも
悩まずに作ることができるような本を目指しました。
この本を作る過程で、携わってくださった方々のおかげで、
楽しく制作できる本ができあがりました。感謝しています。
ベトナムのプラカゴを作ってみたいけれど迷っている方に、ご覧いただければと思います。

MONET（モネ）　富田淳子

初めて訪れたベトナム、ホーチミンで手に入れたプラカゴ。使いやすくて毎日のように持ち歩いていました。新しいのが欲しくなり、またホーチミンを訪れて…ベトナムとプラカゴにハマるきっかけとなったバッグです。

PLAKAGO IN VIỆTNAM

プラカゴ IN ベトナム

ベトナムの人たちの暮らしに、すっかり馴染んで使われているプラカゴ。
市場で、路上で、バイクに乗せて。みんな、お気に入りを持っています。倉庫にも溢れんばかりの色の洪水！

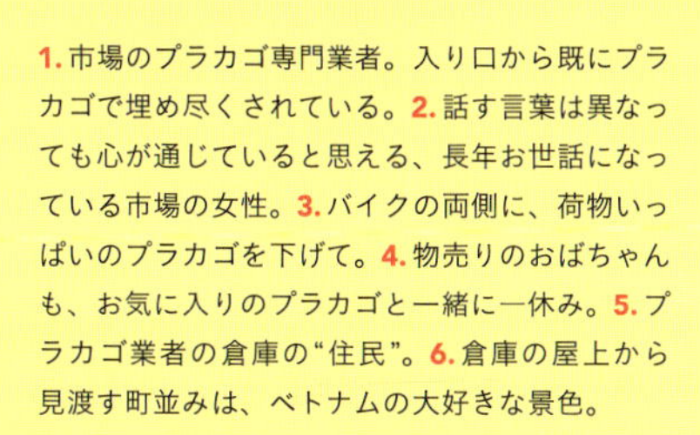

1. 市場のプラカゴ専門業者。入り口から既にプラカゴで埋め尽くされている。2. 話す言葉は異なっても心が通じていると思える、長年お世話になっている市場の女性。3. バイクの両側に、荷物いっぱいのプラカゴを下げて。4. 物売りのおばちゃんも、お気に入りのプラカゴと一緒に一休み。5. プラカゴ業者の倉庫の“住民”。6. 倉庫の屋上から見渡す町並みは、ベトナムの大好きな景色。

CONTENTS

21
マガジンラック

▶ P.20
HOW TO MAKE ▶ P.60

22
フタつきバスケット

▶ P.21
HOW TO MAKE ▶ P.62

23
花菱模様のバッグ

▶ P.22
HOW TO MAKE ▶ P.72

24,25
ジグザグ模様のバッグ

▶ P.23
HOW TO MAKE ▶ P.74

26,27
自転車カゴ用バッグ

▶ P.24
HOW TO MAKE ▶ P.64

28
ビタミンカラーのバッグ

▶ P.25
HOW TO MAKE ▶ P.76

29
幾何学模様のバッグ

▶ P.26
HOW TO MAKE ▶ P.66

30,31
うろこ編みのバッグ

▶ P.27
HOW TO MAKE ▶ P.78

32
大きなクロス模様のトートバッグ

▶ P.28
HOW TO MAKE ▶ P.38

33
フラワーの飾りつきバッグ

▶ P.28
HOW TO MAKE ▶ P.38,39

34
ポケットつきバッグ

▶ P.29
HOW TO MAKE ▶ P.39

編み方の基本テクニック

▶ P.32

01,02

HOW TO MAKE ▶ P.40

トリコロールのバッグ
ゴールドのバッグ

プラカゴの基本が詰まった
トリコロールカラーのバッグ。
ゴールドは1色で作ったもの。
お財布と携帯電話だけ入れて、ちょっとそこまで。

03,04 HOW TO MAKE ▶ P.68

2色のストライプバッグ

ストライプのバッグは、縦と横の配色の妙。
底の組み方で横ストライプか
縦ストライプかの柄が決まる、
カゴ編みの面白さが実感できます。

05,06 HOW TO MAKE ▸ P.70

正方形のコースター

短いPPバンドで手軽に作れるので
編み方のコツをつかむのに最適。
たくさん作って、
カラフルなティータイムを満喫。

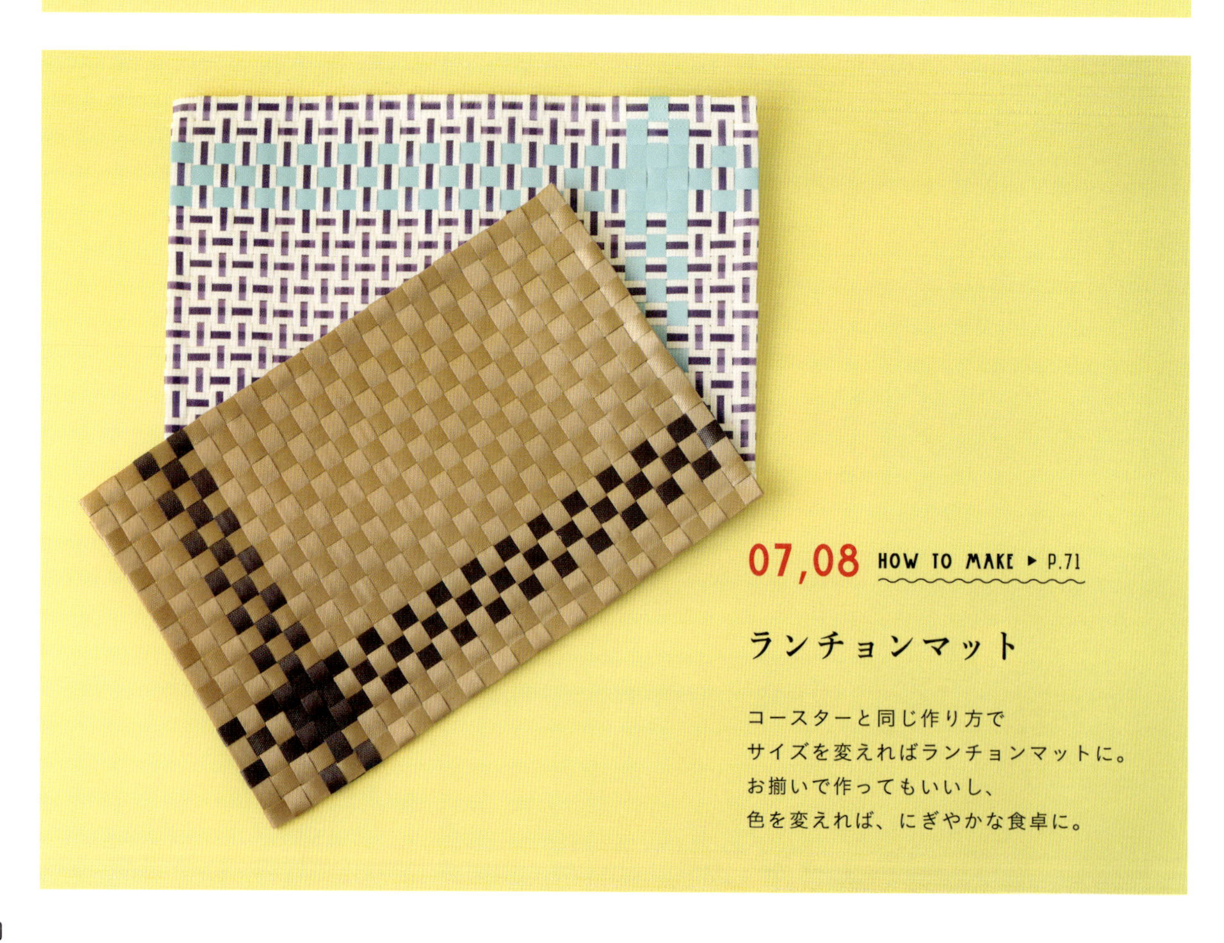

07,08 HOW TO MAKE ▸ P.71

ランチョンマット

コースターと同じ作り方で
サイズを変えればランチョンマットに。
お揃いで作ってもいいし、
色を変えれば、にぎやかな食卓に。

09,10 HOW TO MAKE ▶ P.69

収納トレイ

小物整理に便利なトレイは
サイズを変えて、入れ子にしても。
入れたいものが決まっていれば
ぴったりサイズに調整できます。

11,12

HOW TO MAKE ▸ P.50

フタつきケース＆小物入れ

フタを開けると、
小さな仕切りケースがずらり。
持っているPPバンド全部で作れば
まるでパレットに並んだ絵の具みたい。

13 HOW TO MAKE ▶ P.52

横長の特大バッグ

大きなサイズのプラカゴには
タオルや洗濯物など、
かさ張るけれど軽いものを入れて。
家事の時間が楽しくなりそう。

14 HOW TO MAKE ▶ P.54

ゴールドのボーダーバッグ

ストライプ柄のPPバンドを縦に編み込んだ、
通勤にも似合うシックな配色。
半分の幅に切った赤いPPバンドを2か所に入れ、
アクセントにしています。

15 HOW TO MAKE ▶ P.44

リングの持ち手のバッグ

プラスチックの持ち手を取り付けたバッグ。
上に向かって少しだけ広がる
台形になるように、
編み方を工夫しています。

16,17

HOW TO MAKE ▶ P.56

大柄チェックのショルダーバッグ

大柄のチェック模様が大胆に
浮かび上がるバッグ。
肩掛けできる長めの持ち手にして、
使い勝手の良いショルダータイプになりました。

18 HOW TO MAKE ▸ P.58

クロス模様のバスケット

グレーに紺色と赤のクロス模様を
ランダムに入れたバスケット。
模様の部分は、後から好きな場所に
PPバンドを足していきます。

19,20 HOW TO MAKE ▶ p.59

クロス模様のバッグ

左ページのバスケットと同じ方法で
クロス模様を描いていきます。
持ち手は短めにして、
バランス良くまとめました。

21 マガジンラック

HOW TO MAKE ▶ P.60

棚にぴったり収まるサイズで作りたい、
便利な収納グッズ。
重い雑誌を入れても型くずれしないよう、
縁にワイヤを入れます。

22 HOW TO MAKE ▶ P.62

フタつきバスケット

マガジンラックと同じ作り方で、
フタの部分だけアレンジ。
お弁当や食器、カトラリーをつめて
ピクニックに出かけたくなります。

23 HOW TO MAKE ▶ P.72

花菱模様のバッグ

4弁のくっきりとした花菱模様が
美しい、小ぶりのバッグ。
和装にも似合う、
落ち着いた雰囲気がすてき。

24,25 HOW TO MAKE ▶ P.74

ジグザグ模様のバッグ

あじろ編みと呼ばれる編み方で、
斜めにジグザグ模様が入ります。
幅を半分に切ったPPバンドで編むと
細かい編み目で丈夫になります。

26,27 HOW TO MAKE ▶ P.64

自転車カゴ用バッグ

底を自転車の前カゴに収まるサイズに
合わせて、縦長に仕立てました。
ネギや大根など、長い食材も入れやすく
買い出しのお伴に活躍する、エコバッグ。

28 HOW TO MAKE ▶ P.76

ビタミンカラーのバッグ

PPバンドの幅を半分に切り、
元気をくれるビタミンカラーを並べて。
ホワイトのバンドが、
爽やかさをアップさせてくれます。

29

HOW TO MAKE ▶ P.66

幾何学模様のバッグ

赤１色のバッグに、
後からホワイトとブルーを足し、
全面に編み込んで作る
配色のマジックが楽しいバッグ。

30, 31 HOW TO MAKE ▶ P.78

うろこ編みのバッグ

半分の幅に切ったPPバンドを
縦に編み込んで飾ります。
ブルーは1色のバッグに、
茶系は2色のバッグに。

32 HOW TO MAKE ▶ P.38,80

大きなクロス模様のトートバッグ

大胆に入ったゴールドの
クロス模様が印象的。
シンプルなブルーのバッグに、
ゴールドを後から埋めていきます。

33 HOW TO MAKE ▶ P.38-39,80

フラワーの飾りつきバッグ

レザーのフラワーモチーフを
気まぐれに飾って。
気分に合わせて位置を変えたり、
取り外すこともできます。

34 HOW TO MAKE ▸ P.39,80

ポケットつきバッグ

小さめのバッグの中に、
更に小さなポケットをつけてアレンジ。
携帯電話や鍵など、
よく使うものはポケットに入れて。

プラカゴ作りの材料と道具

PPバンドによるプラカゴ作りに必要な材料や、あると便利な道具を紹介します。

PPバンド

荷造りや梱包用に使われている、幅約15.5mmのプラスチックバンド。ベトナム製や日本製などがあり、製造元によって堅さや発色に若干の違いがあるが、15.5mm幅であれば、どれでも同じように作ることができる。本書では基本的にはベトナム製を使用。

▶ PPバンドの扱い方

■ 束ねる

必要な長さにカットしたPPバンドは、底ひも、編みひも、縁、持ち手用など、使う場所ごとに分けて束ねておくと作業がスムーズ。巻き癖と逆向きに束ねると、癖が取れる。

■ カットする

先ははじめから斜めにカットしておくと、編み目に通しやすい。

■ 縦にカットする

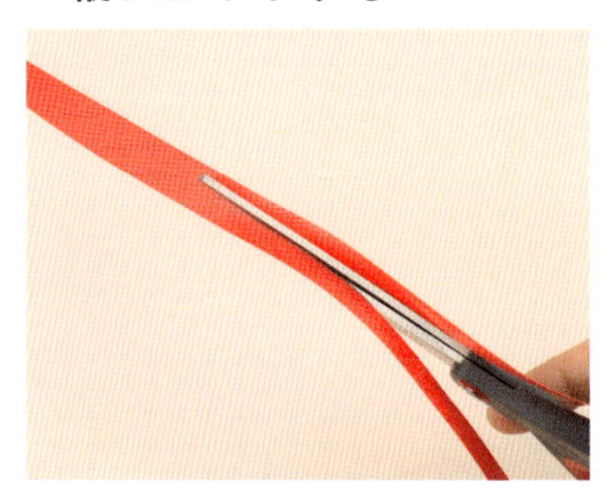

PPバンドの幅を½、¼など、縦にカットして使う場合、手で裂くとPPバンドの繊維が出てしまうため、必ずハサミでカットする。

▶ 道具

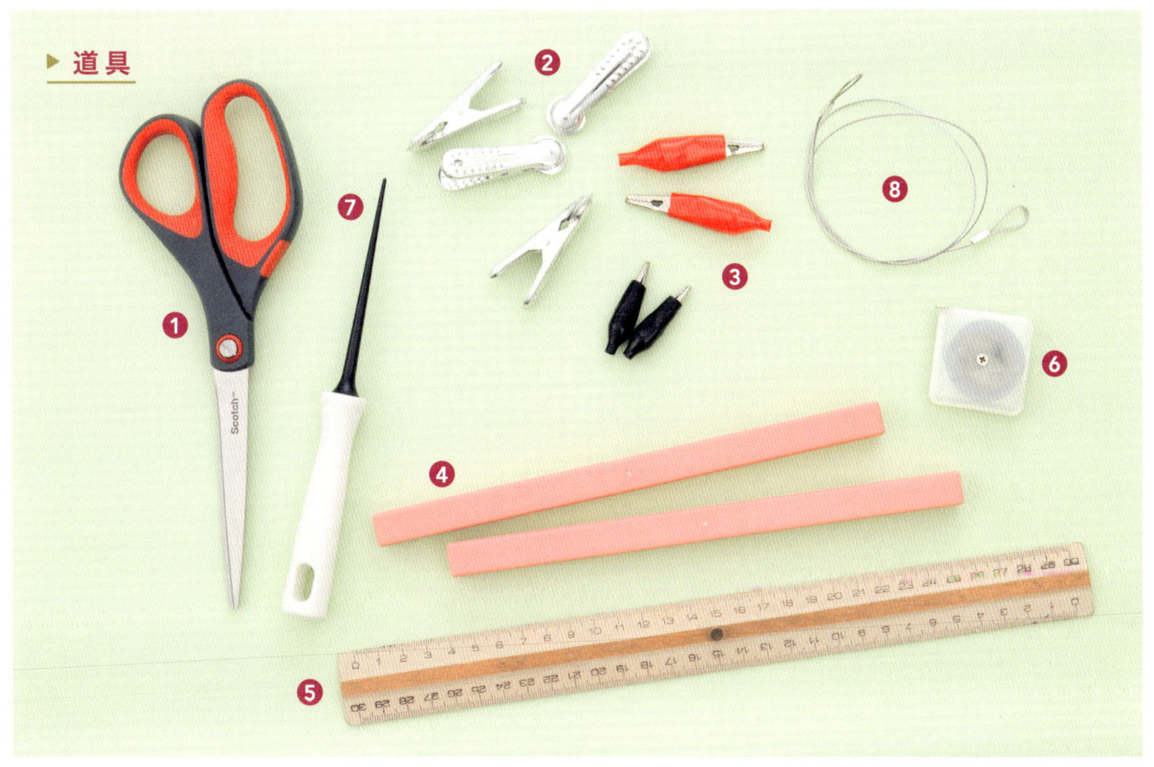

❶ **ハサミ**　PPバンドをカットする。文具用ハサミでOK。❷ **ピンチ**　洗濯ばさみや文具用クリップなど。PPバンドを押さえるのに使用。❸ **ワニロクリップ**　ピンチでは留めにくい、細かい部分を押さえるのに使用。❹ **重し、文鎮**　底を組むときにPPバンドの端を押さえる。写真は文鎮。❺ **定規**　PPバンドの長さを測る。❻ **メジャー**　定規と同様にPPバンドの長さを測ったり、持ち手の長さを測る。❼ **目打ち**　プラスチック製の目打ち。間違った編み目を解いたり、細かい部分の処理に使う。❽ **吊り下げ用ワイヤ**　重量のあるものを吊り下げるための、ナイロンコートされたステンレスワイヤ。ここでは、持ち手をビニールチューブに引き入れるのに使う。

▶ その他の材料

❶ **ビニールチューブ**　編んだ持ち手を通し、カバーする。外径11mm、内径9mmがおすすめ。ホームセンターのホース売り場などで販売されている。❷ **プラスチックの持ち手**　バッグ用の持ち手。プラスチック製のものがプラカゴに似合う。❸ **アルミワイヤ**　マガジンラックなどが型崩れしにくいよう、縁に通す。太さ3mm以上を推奨。❹ **レザーパーツ**　フラワーモチーフのパーツで、プラカゴをカスタマイズが良い。❺ **薄手のフェルト**　カスタマイズパーツのクッション材として使用。薄手の布素材であれば何でもOK。写真はデコレーション用のテープ。❻ **ハトメ**　両面ハトメ。カスタマイズパーツの中心を留める。

▶ その他の道具

❶ **ハトメ用のゴム台**　作業台に傷がつかないように、下に敷く。❷ **ハトメ抜き、打ち棒**　ハトメ抜きでPPバンドに穴を開け、打ち棒でハトメを取りつける。❸ **かなづち**　ハトメを取りつけるのに使用。

編み方の基本テクニック

ベトナムのプラカゴの基本的な作り方。底の編み方、
側の編み方、持ち手・留め具の作り方の基本を紹介します。

▶ 底の作り方

まずは底を編む。
材料の「底ひも」を縦、
横に編んでいく。
ここでは長方形の底を紹介。

POINT

底ひも、編みひもの本数を奇数にすることで、持ち手と留め具を等間隔で取りつけることができる。

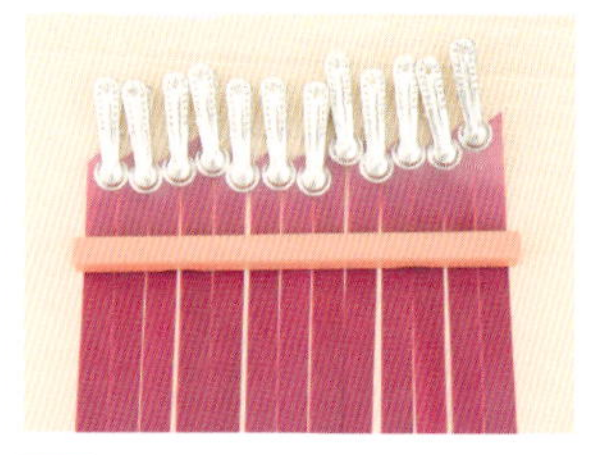

1 底ひもの短い方を、縦に隙間なく並べる。上端を揃えて、写真のようにピンチで2本ずつ留め、重しで押さえる。縦に並べる底ひもは、奇数にしておくと、持ち手を左右対称につけることができる。

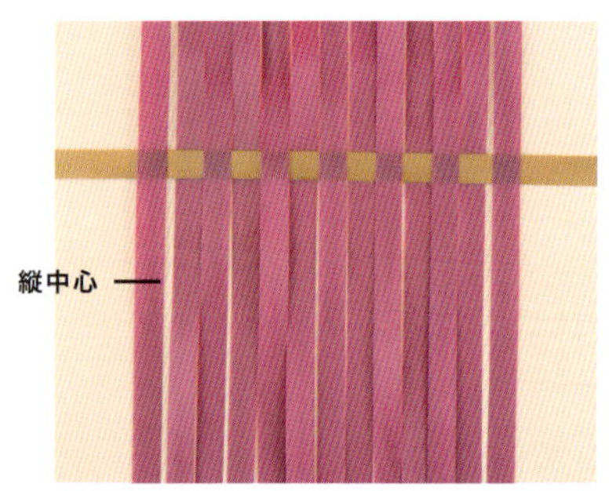

2 1で縦に並べたPPバンドの、中心から少し上に、底ひもの長い方を横に1本編む。縦のひもが交互に上下にくるように編む。

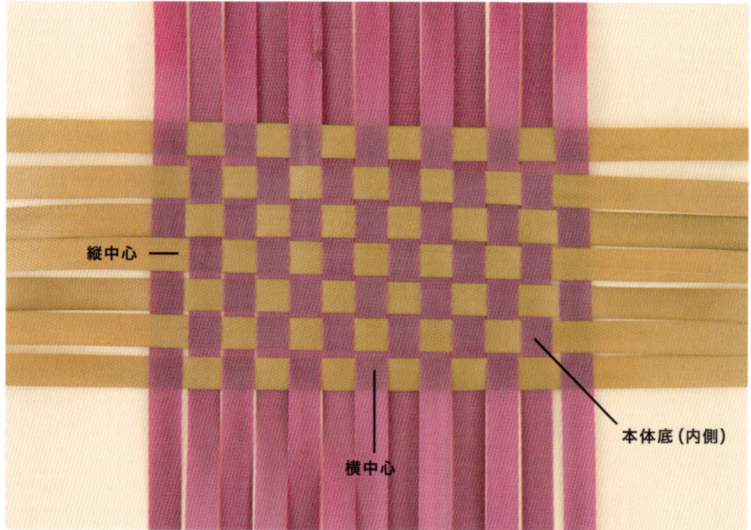

3 続けて、2と同様に残りの底ひもも編み目が交互に出るように編む。中心を合わせて縦、横の隙間をしっかり詰め、四隅をピンチで留めておく。これが底の内側になる。

P.32～39の「編み方の基本テクニック」の作り方で完成するバッグ。
SIZE : 横20～26×高さ15.5×マチ11cm

用意するもの

[PPバンド] (15.5mm幅)

■ 底ひも
縦の部分　65cm × 13本 (赤紫)
横の部分　70cm × 7本 (金色)

■ 編みひも
側面　78cm × 9本 (金色)

■ 縁ひも
78cm × 3本 (金色)

■ 持ち手ひも
70cm × 8本 (赤紫、金色を1/2幅にカットしてそれぞれ4本)

ビニールチューブ (内径9mm) 30cm × 2本
*留め具とループはp.36、37参照

▶ 側面の作り方

底に続き、側面を編む。
材料の「編みひも」を横に
1周させて編んでいく。
ここでは10段(縁を含む)の
バッグを紹介。

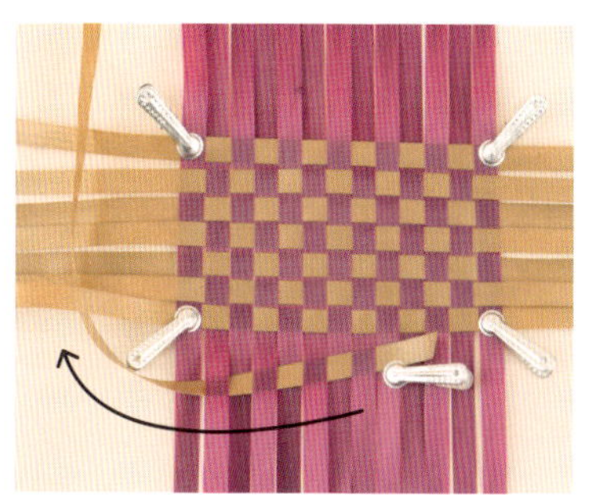

1 底を編んだら、立ち上げて側面を編む。側面の前側に編みひも1本をピンチで留め、端からぐるりと1周、ひもが上下に交互になるように編む。

2 PPバンドに折り目をつけず、自然に立ち上げる。四隅はしっかり角を作り、ワニ口クリップで留める。

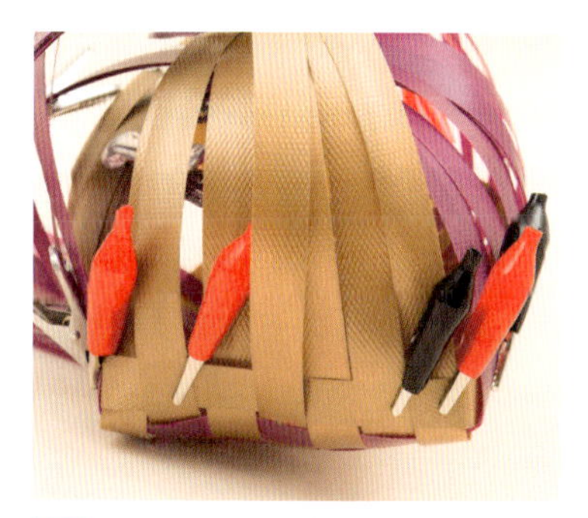

3 横側面も続けて編み、角はワニ口クリップで留める。

4 1周したら端どうしを編み目に合わせて重ねて編み、端は切らずにそのままにしておく。

5 同様に、すべての編みひもを順番に編んでいく。毎段、編みはじめの位置をずらす(本体の前からと後ろからに)と、重なる部分が散らばるため、厚みが均一になる。

▶ 縁の始末

**側面をすべて編み終えたら、
最後(10段目)は縁ひもで
縁を始末する。
丈夫になるように、
基本的には3本重ねて編む。**

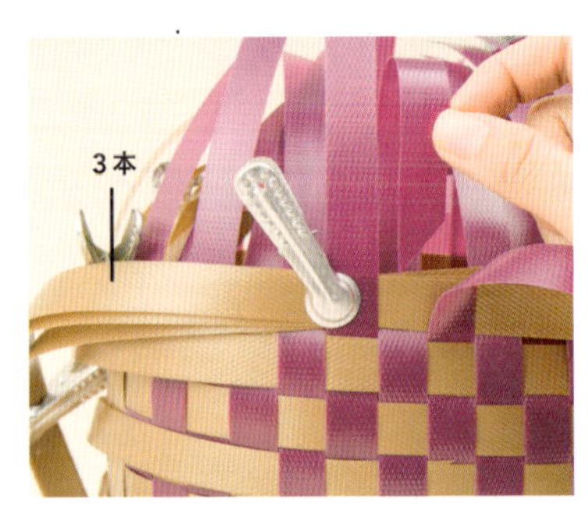

1 側面の最後の段に続く次の段に、縁ひも3本を重ねて通し、端をクリップで留める。上下が交互になるように編み、縦にわたっている底ひもを縁で折り返す。

2 内側の底ひもは外側に折り、縁ひもの外側から1本目と2本目の間に差し込む。そのまま下に向かって何段か編み目に合わせて差し込む。

3 外側の底ひもは内側に折り、縁ひもの内側から1本目と2本目の間に差し込む。そのまま下に向かって何段か編み目に合わせて差し込む。

4 そのまま、前後の底ひもを交互に折り返して通しながら、縁を1周編む。半分まで編んだら、底ひもを引っ張って隙間をなくしながら編む。

5 最後は縁ひもを10cm重ねて編み、内側の縁ひも2本を斜めにカットする。残りの1本は、さらに10cmほど編み、端が見えない位置でカットする。

6 隙間がある場合、ここで底ひもを一度解き、全体を引きしめる。最後はすべてのひもの余分を編み目に合わせていくつか差し込み、端が見えない位置でカットする。

7 バッグの本体が完成。3本の縁ひもの間に、底ひもが交互に差し込まれている。

▶ 持ち手の作り方

幅を1/2にカットした
持ち手ひも４本で、
筒状に編んでいく、
丸みのある持ち手。
ビニールチューブに
通して丈夫に仕上げる。

持ち手ひもは、作りたい長さの約3倍で用意する。

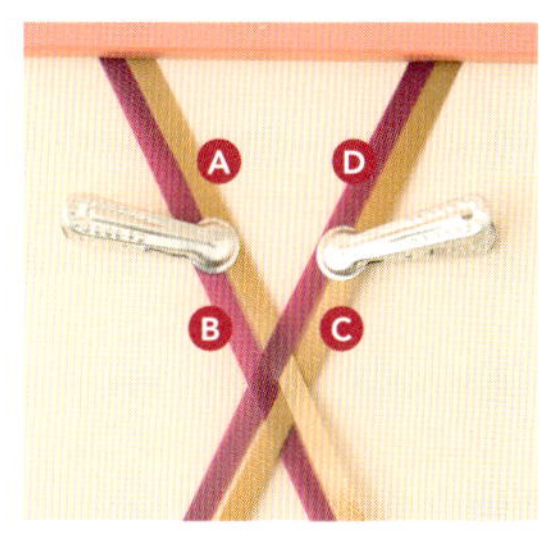

1 幅を½にカットした持ち手ひも4本を、写真のように組む。2本ずつピンチで留め、上部は10cm残し、重しで押さえておく。

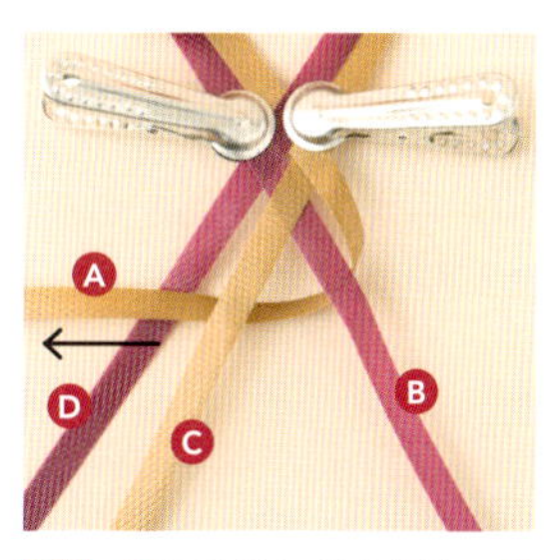

2 Ⓐを内側に折り返し、ⒷとⒸの下を通して左端とその隣のひもの間（ⒹとⒸの間）に入れる。

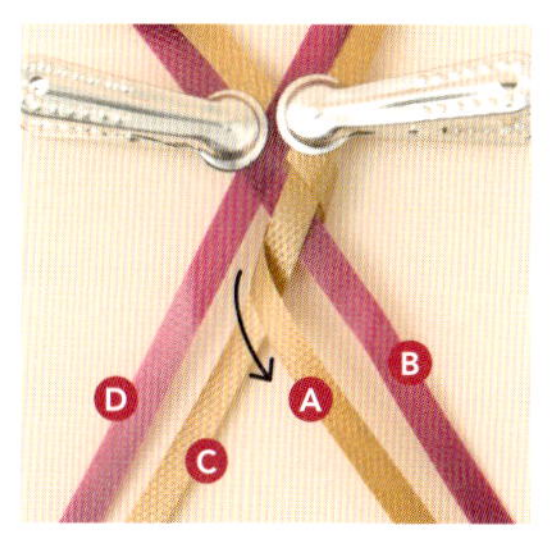

3 続けてⒶを右隣のひもⒸに巻き付けるように折り返し、右端とその隣のひもの間（ⒷとⒸの間）に入れる。

4 左端のひもⒹを内側に折り返し、2本下を通して右端とその隣のひもの間（ⒷとⒶの間）に入れる。

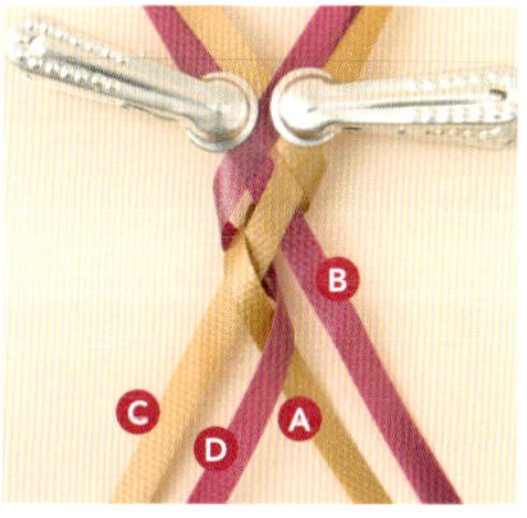

5 続けてⒹを左隣のひもⒶに巻き付けるように折り返し、左端とその隣のひもの間（ⒸとⒶの間）に入れる。

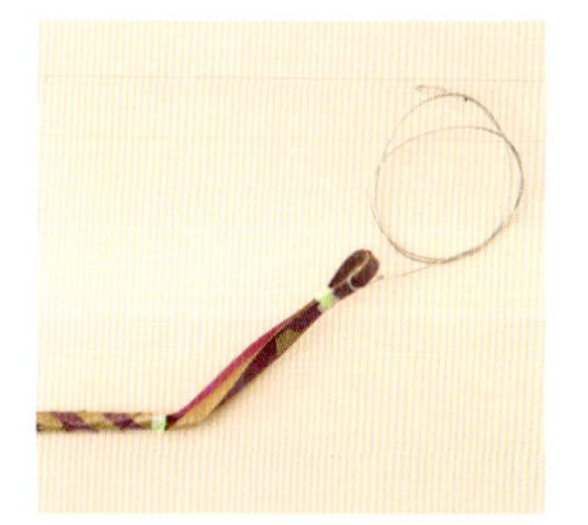

6 さらに2～5と同様に、右端、左端とくり返して必要な長さを編む。編み終えたら、端に吊り下げ用ワイヤを通して輪にし、マスキングテープで固定する。

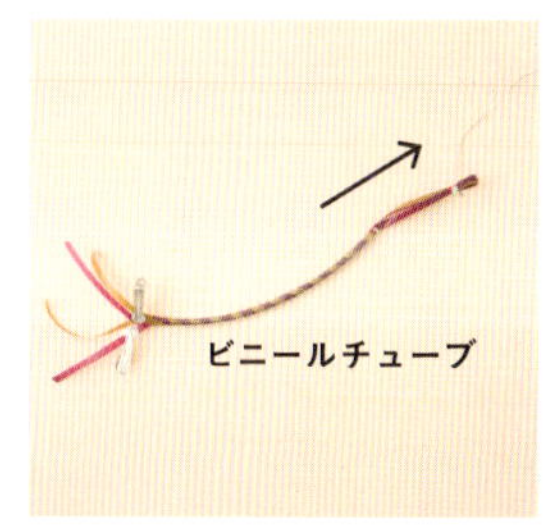

7 持ち手の長さにカットしたビニールチューブ（内径9mm）に、吊り下げ用ワイヤの端を通して引っ張り、持ち手をチューブに引き入れる。

持ち手の柄　最初の組み方で、編み目の柄が変わる。

Ⓐ 格子柄

［ 組み方 ］

Ⓑ 斜めストライプ

［ 組み方 ］

8 本体に取りつける。端のひも4本を2本ずつ（ここでは紫2本、金色2本）に分け、バッグの外側と内側の編み目に差し込む。外側は一番上の段、内側は上から2段目に差し込む。

9 外側のひもを1本ずつくるりと折り返し、斜め下の編み目に差し込んで留める。

10 9と同様に、斜め下の編み目にくるりと折り返して留める。

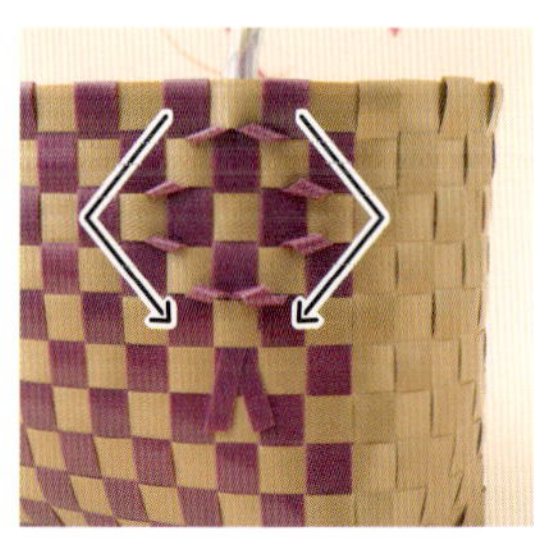

11 9、10と同様に、くり返して写真のように留め、端は引っかからないよう、編み目に隠れる長さにカットして始末する。内側も外側と同様にする。

▶ 留め具（ボタン）の作り方

四つ畳みと呼ばれる編み方で作る、コロンとしたボタンの留め具。

■ ボタンひも
40cm × 2本、30cm × 1本（¼幅にカット）

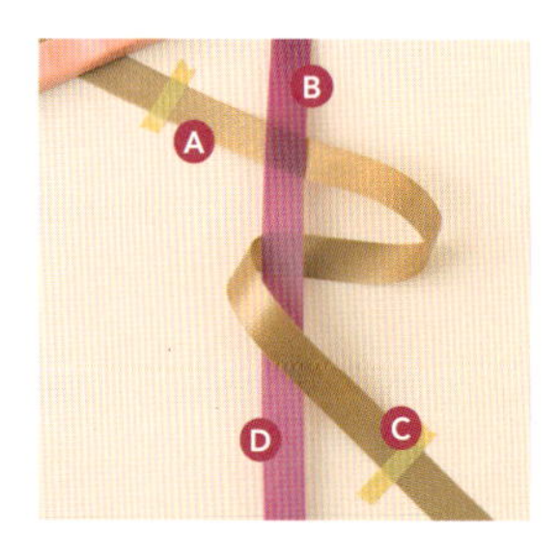

1 ボタンひも2本を写真のように重ねる。Ⓐ、Ⓒの端をテープで机に仮留めすると作業しやすい。

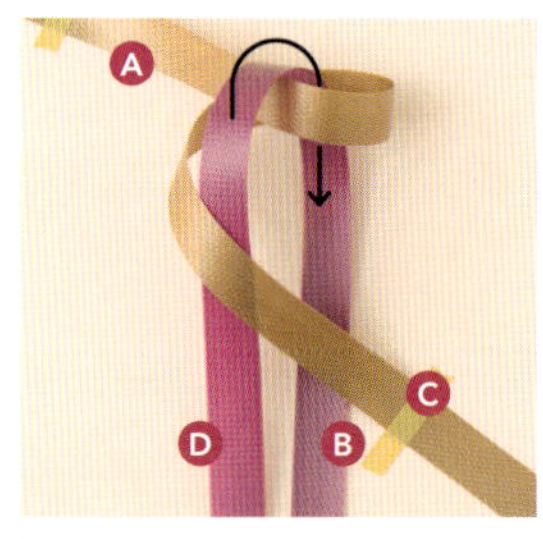

2 Ⓑを折り返して、上から輪に通す。

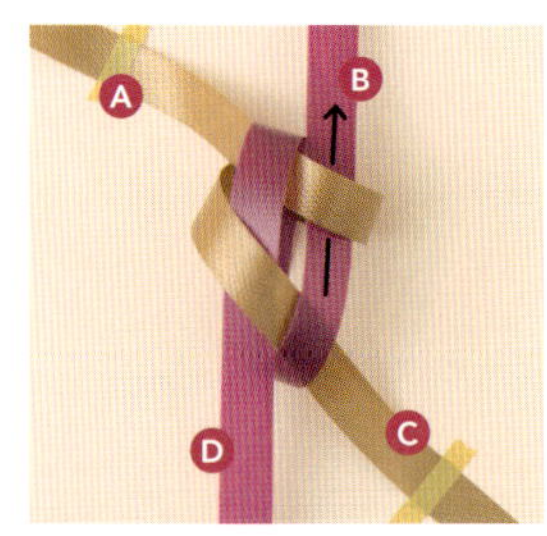

3 Ⓑを折り返して、下から輪に通す。

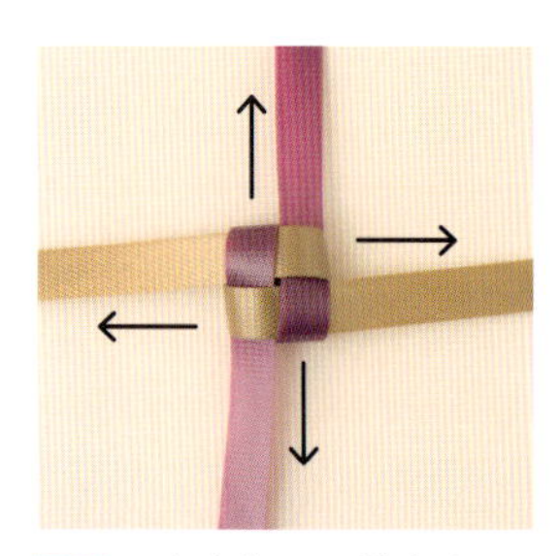

4 4本を均一に引きしめ、形を整える。

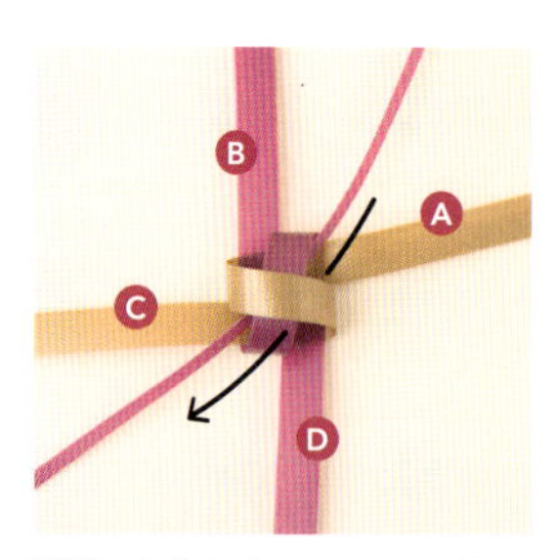

5 全体を裏返して¼の幅にカットしたひもの中心を、ボタンの裏側に通す。

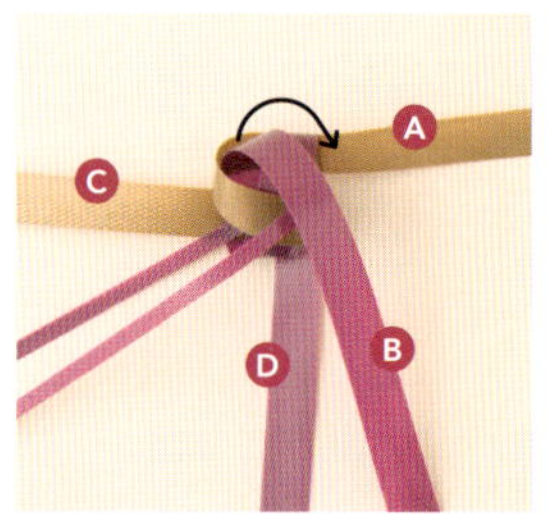

6 Ⓑを折り返す。

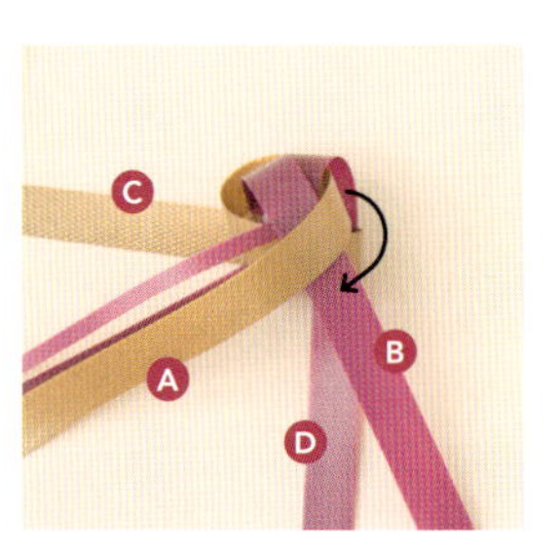

7 Ⓐを折り返してⒷに重ねる。

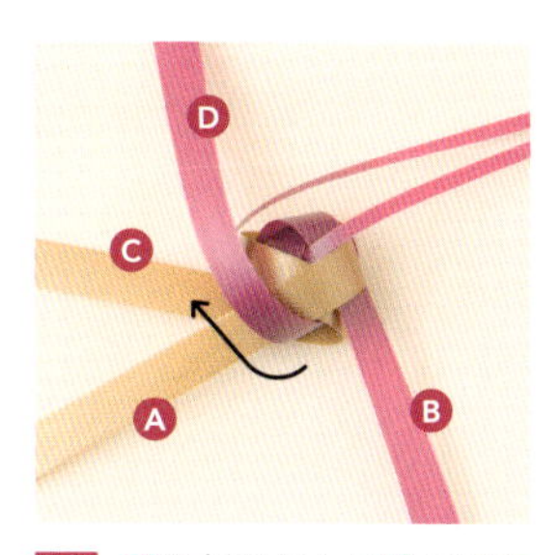

8 Ⓓを折り返してⒶに重ねる。

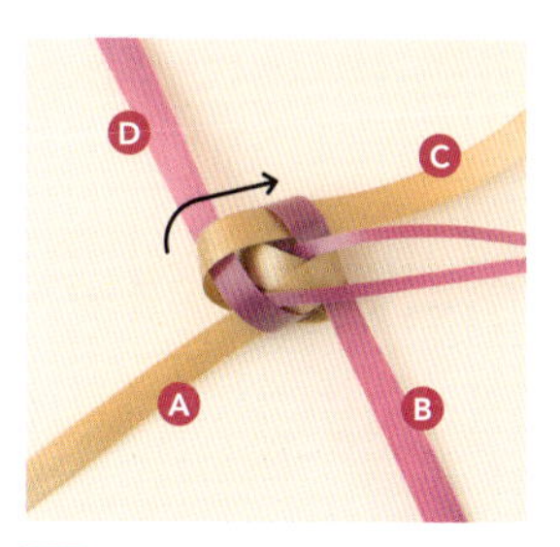

9 Ⓒを折り返してⒹに重ね、写真のように、折り返したⒷの輪に通す。

10 4本を均一に引きしめ、形を整える。

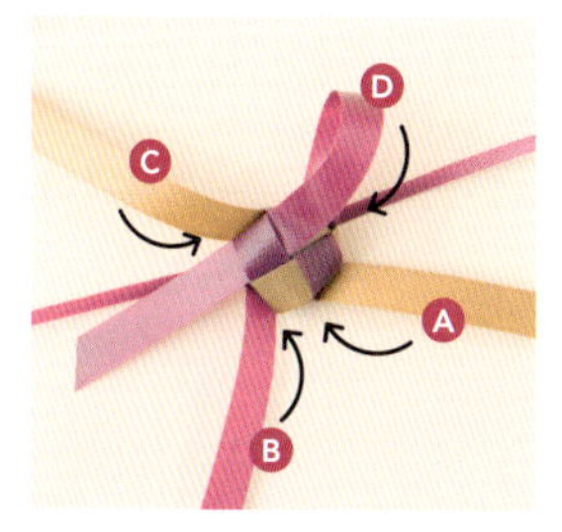

11 全体を表に返し、Ⓓ→Ⓐ→Ⓑ→Ⓒの順に折り返し、最後のⒸはⒶの輪に通す。

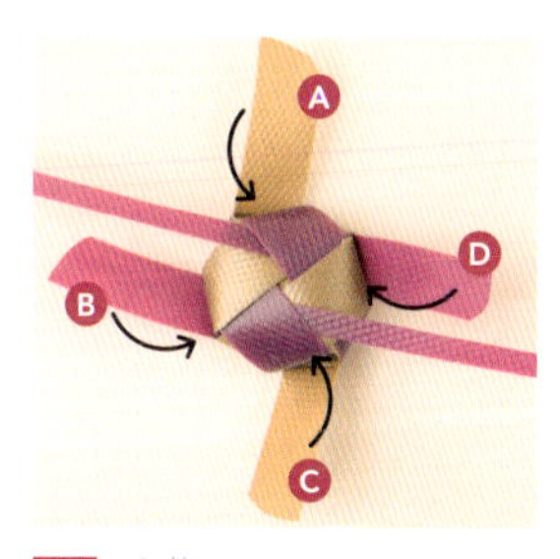

12 全体を裏返し、残りのひもを、編み目に隠れる長さに斜めにカットする。Ⓐ→Ⓓ→Ⓒ→Ⓑの順に折り返し、最後のⒷはⒶの輪に通す。

13 形を整えて、ボタンの完成。

14 ボタンの裏に通した¼の幅のひも2本を、バッグの表の、上から3段目中央の編み目に上から差し込む。

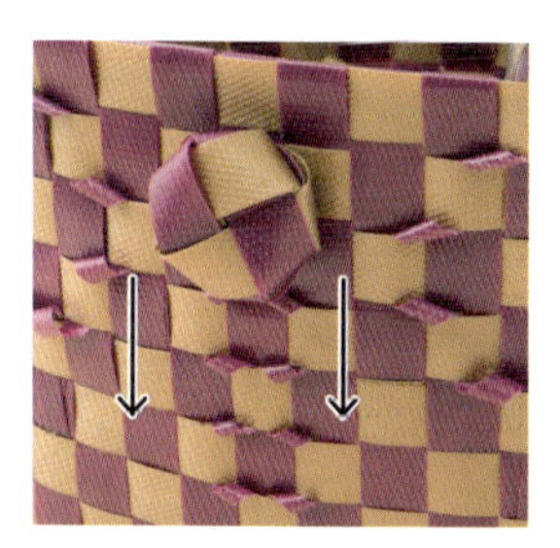

15 ひもを1本ずつ左右に分け、下に向かって4段分留める。端はさらに数段下に向かって編み目に合わせて差し込み、余分をカットして始末する。

▶ ループの作り方

ボタンの留め具を引っかけるループ。2本をねじって作る。

■ ループひも
50cm × 1本（⅓幅にカット）

1 ループひもの幅をハサミで⅓の幅にカットする。さらに上10cmを残して半分の幅（⅙）にカットする。

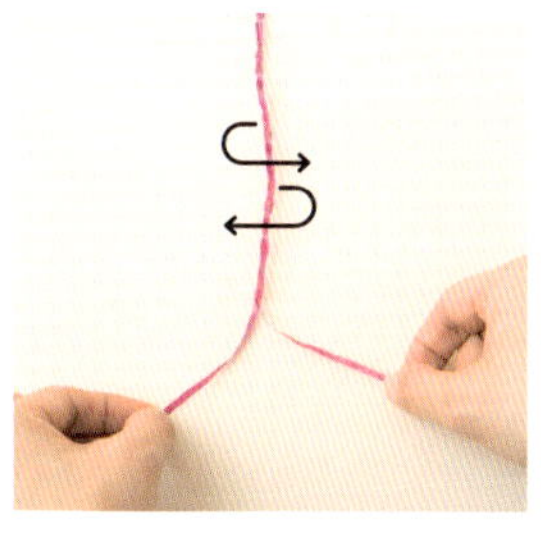

2 上を重しで押さえて、2本のひもをねじる（ここでは12cm分）。
※重しで押さえる代わりに、できあがったバッグの編み目に、ひもの端を引っかけて固定すると作業しやすい。

3 ループを輪にして両端をバッグの後ろ側の、上中央の編み目に上から通す。左右に分け、下に向かってくるりと折り返して3段分留める。端はさらに数段下に向かって差し込み、余分をカットして始末する。

▶柄のカスタマイズの仕方

完成したバッグの表面に、
さらにPPバンドを通し、
柄をアレンジ。

32
大きなクロス模様のトートバッグ
▶P.28　材料P.80

1 横28×高さ16×奥行き15cmのバッグの表面に、大きなクロスの柄を入れていく。

2 下から3～5段目の編みひもに重ねて、横にぐるりと1周ゴールドのひもを通す。

3 3～7本目の底ひもに重ねて、縦にぐるりと1周ゴールドのひもを通す。

4 編み目1目分のサイズに端を折った、コの字型のパーツで、柄を入れたい場所を埋めていく。

5 編み目の上にかぶせて、両端を折り込む。

6 持ち手の部分は、留めてあるひもを一度外し、柄を入れる。

7 底もすべて埋める。

▶飾りパーツの作り方

余ったPPバンドに、
ハトメでパーツをつけ、
バッグの飾りに。

33
フラワーの飾りつきバッグ
▶P.28　材料P.80

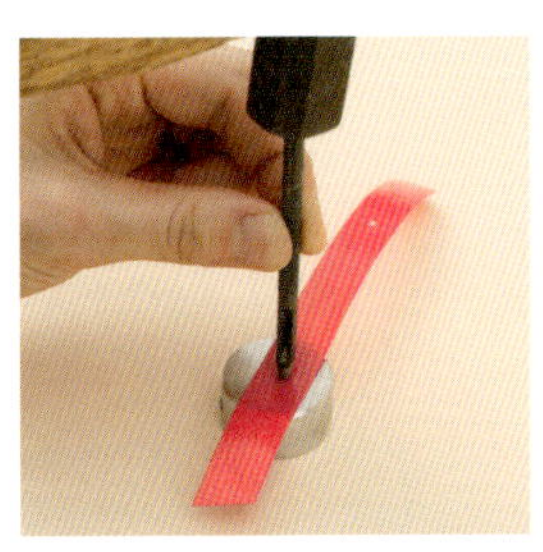

1 PPバンドにハトメを通す穴を開ける。打ち皿にPPバンドを置き、ポンチを当てて上からかなづちで叩き、穴を開ける。

2 穴が開いたところ。

3 裏側に、穴に合わせてデコレーションシールを貼り、中央に両面ハトメの裏のパーツを通す。表側にはハトメの表のパーツとレザーフラワーを通す。

4 横から見たところ。両面ハトメは指で軽く閉じておく。

5 表から打ち棒を当て、かなづちで数回叩いてハトメを固定する。

6 PPバンドをカットして、編み目1日分のところで内側に折り返す。

7 バッグの表面の、好きなところに差し込んで飾る。

ポケットの取りつけ方

バッグの中に、一回り小さなポケットを取りつけると、小物を整理できて便利。

34
ポケットつきバッグ
▸P.29　材料P.80

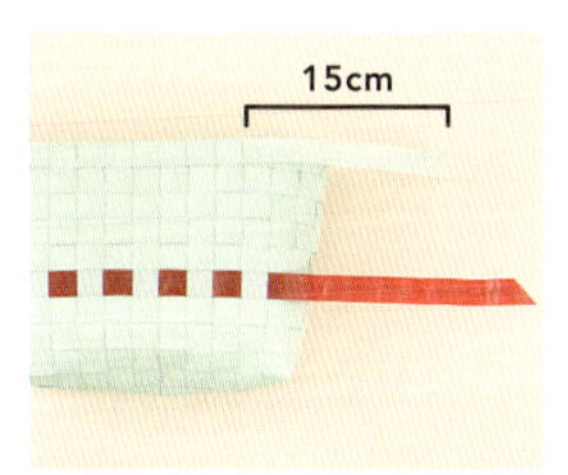

1 好きなサイズで作ったポケットを、バッグの内側に取りつける。ポケットの外側に2本、取りつける場所と同じ色のひもの端を約15cm残して通す。

2 矢印の編み目から4か所にひもを通す。

3 まずは、下の左側のひもを内に向かってバッグの編み目に約15cm差し込む。

4 続いて、上の左側を内に向かって約15cm差し込む。

5 下の右側を外に向かっていくつか編み目に差し込み、続いて上の右側も同様にする。全体を引きしめ、余分なひもはカットして始末する。

LESSON FOR BIGINNERS 1

01 トリコロールのバッグを作りましょう

▶ P.8 **SIZE :** 横23×高さ11×マチ8cm　持ち手30cm

用意するもの

01

［PPバンド］(15.5mm幅)

■ 底ひも
50cm×15本（赤3本、白5本、インディゴ〔紺色〕7本）、65cm×5本（赤2本、白1本、インディゴ〔紺色〕2本）

■ 編みひも
82cm×6本（赤2本、白2本、インディゴ〔紺色〕2本）

■ 縁ひも
82cm×3本（インディゴ〔紺色〕）

■ 持ち手ひも
90cm×8本（白、インディゴ〔紺色〕をそれぞれ½幅にカットして4本ずつ）

■ ボタンひも
35cm×2本（白1本、赤1本）、40cm×1本（赤を¼幅にカット）

■ ループひも
50cm×1本（赤を⅙幅にカット）

ビニールチューブ（内径9mm）
30cm×2本

02は**01**の色違い。すべて「黄みよりの金色」で用意。

▶ 底を作る

1 50cmの底ひもを縦に、左から赤3本、白5本、インディゴ7本（合計15本）並べる。縦に並べる底ひもは奇数にすると、持ち手を左右対称につけることができる。

2 上端を揃えて、写真のようにピンチで2本ずつ留め、重しで押さえておく。

3 縦の中心から少し上に、65cmの底ひもを横に1本縦のひもが交互に上下にくるように編む。位置を決めて、両端をピンチで留める。

4 続けて横に合計5本編む。上から赤2本、白1本、インディゴ2本を編み、縦、横の隙間をつめて四つ端をピンチで留める。これが底の内側になる。

▶ 側面を作る

5 立ち上げて側面を編む。側面の前側に、編みひも（インディゴ）1本を、上下が交互になるように編む。

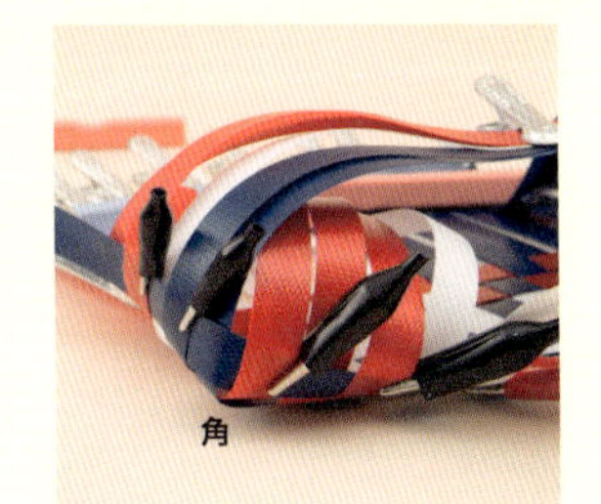

6 立ち上げは折り目をつけず自然に編むが、四隅だけはしっかり角を作り、ワニ口クリップで留める。

7 角を4つ作りながら、ぐるりと1周編んでいく。

8 1周したら端どうしを底ひも数本分重ねて編み、端は切らずにそのままにしておく。これで1段目が編めた。

9 **5**～**8**と同様にして、しっかり角を作りながら合計6段編む。編みひもの端は目をいくつか重ねて編み、残りはそのままにしておく。

10 インディゴ、白、赤の順で2回くり返す。※写真は**20**の本体を仕上げたところ。

▶ 縁を始末する

11 一番上の段（ここでは7段目）は縁ひも3本を通す。端をクリップで留め、縦にわたっている底ひもが上下交互になるように編みながら、底ひもを縁で折り返していく。

12 まずは内側の底ひも1本を外側に折り、縁ひもの外側から1本目と2本目の間に差し込む。

13 そのまま下に向かって、いくつか編み目に合わせて差し込む。

14 続いて隣の、外側にきている底ひもを内側に折り、縁ひもの内側から1本目と2本目の間に差し込む。

15 **13**、**14**と同様に、外側、内側の底ひもを前後に折り返して縁ひもを編んでいく。

16 縁ひもを1周編んだところ。最後はP.34「縁の始末」を参照して始末し、全体の隙間をつめて形を整える。

▶ 本体を仕上げる

17 ひもを差し込み終わる位置を決め、必要な長さを残して余分はカットする。先端は斜めにカットする。

18 先端が編み目に隠れるように、位置を合わせてカットすること。

19 残ったひもを、すべて編み目に差し込み、余分を始末する。

20 バッグの本体が完成。3本の縁ひもの間に、底ひもが交互に差し込まれている。

▶ 持ち手を作る

21 P.35「持ち手の作り方」を参照し、持ち手ひも4本ずつ（白2本、インディゴ2本）で斜めストライプ柄の30cmの持ち手を2本作る。

22 持ち手は使っているうちに編み目が延びて、ビニールチューブと本体に隙間ができることがあるので、ビニールチューブに通した後、全体をよく引っ張っておく。

23 本体表側の写真の位置（前面の左から4目のところ）に、持ち手ひもの白2本を差し込む。

24 1本ずつくるりと折り返し、斜め下の編み目に差し込んで留める。

25 本体内側の写真の位置（上から2段目）に、持ち手ひもの残りのインディゴ2本を差し込む。

26 **24**と同様に、1本ずつくるりと折り返し、斜め下の編み目に留める。

27 持ち手のもう片端も**23**～**26**と同様に留める。

28 **24**に続いて、表側を留めていく。外に向かって3段分、内に向かって3段分留める。

29 余分は底に向かって数段分差し込み、先端は編み目に隠れる位置でカットして始末する。

30 編み目に隠して始末する。

31 内側も**25**に続いて留める。外に向かって2段分、内に向かって2段分留め、表側と同様に端を始末する。

32 持ち手2本を同様に取りつける。

▶ 留め具をつける

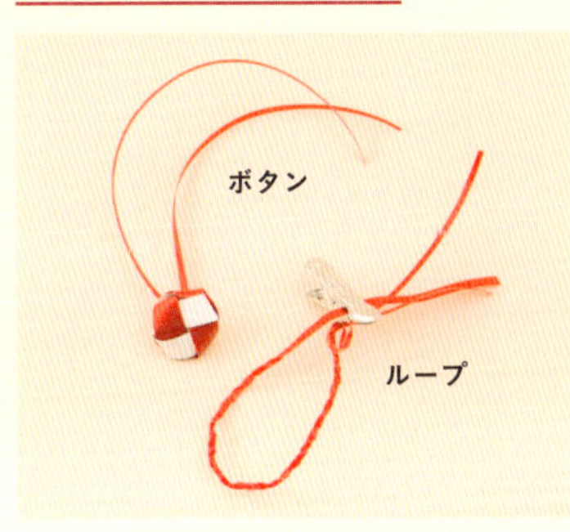

33 P.36〜37「留め具の作り方」と「ループの作り方」を参照し、ボタン1個とループ（20cm）1本を作る。

34 ボタンの裏から出ているひも2本を、本体の写真の位置（前面の上から3段目中央）に差し込む。

35 1本ずつをくるりと折り返し、斜め下の編み目に留める。

36 35と同様に、縦に並ぶように4段分留める。

37 余分は底に向かって数段分差し込み、先端は編み目に隠れる位置でカットして始末する。

38 ループを本体の写真の位置（後面の中央）に差し込む。

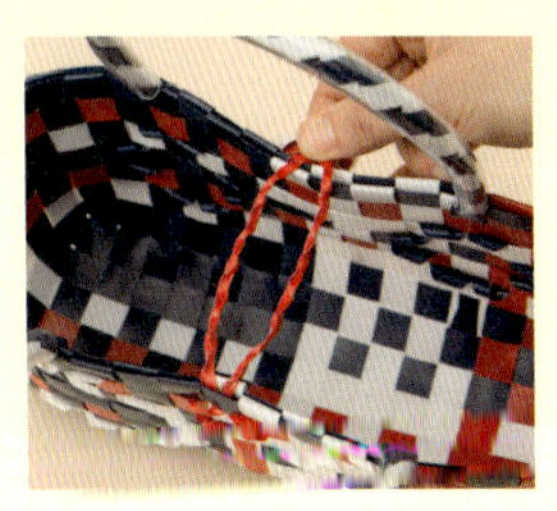

39 ループをボタンの位置まで持っていき、長さを調整する。

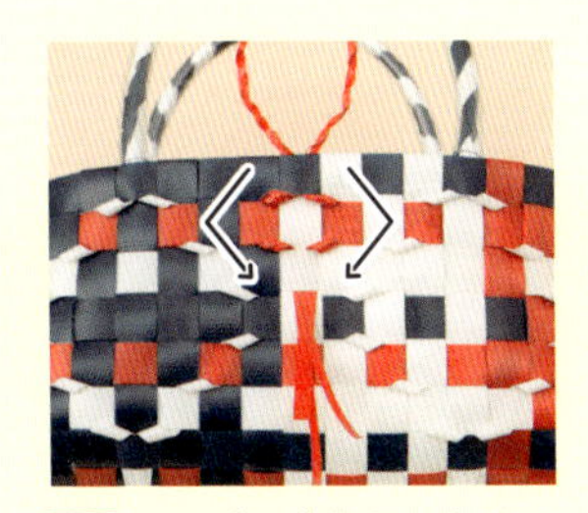

40 1本ずつ（片方は半分にカットしてあるので2本）をくるりと折り返し、斜め下の編み目に留める。続いてもう1段分、縦に並ぶように留める。

41 余分は下に向かって数段分差し込み、先端は編み目に隠れる位置でカットして始末する。

FINISH!

LESSON FOR BIGINNERS 2

15 リングの持ち手のバッグを作りましょう

▶ P.16 **SIZE :** 横28×高さ30×マチ14cm　口の横幅46cm　持ち手外径12.5cm

用意するもの

［PPバンド］（15.5mm幅）

- 底ひも
  94cm×19本（白＋黒2本ライン）、
  108cm×9本（白＋黒2本ライン）
- 調整用ひも
  70cm×4本（白＋黒2本ライン）
- 編みひも
  104cm×12本（白＋赤ライン4本、ミントブルー1本、白3本、濃いピンク1本、クリーム色1本、白＋黒2本ライン1本、薄紫1本）、72cm×8本（薄い青2本、白4本、薄いピンク2本）
- 縁ひも
  72cm×6本（クリーム色）

持ち手パーツ　外径12.5cm×2個（黒）

▶ 側面を編む

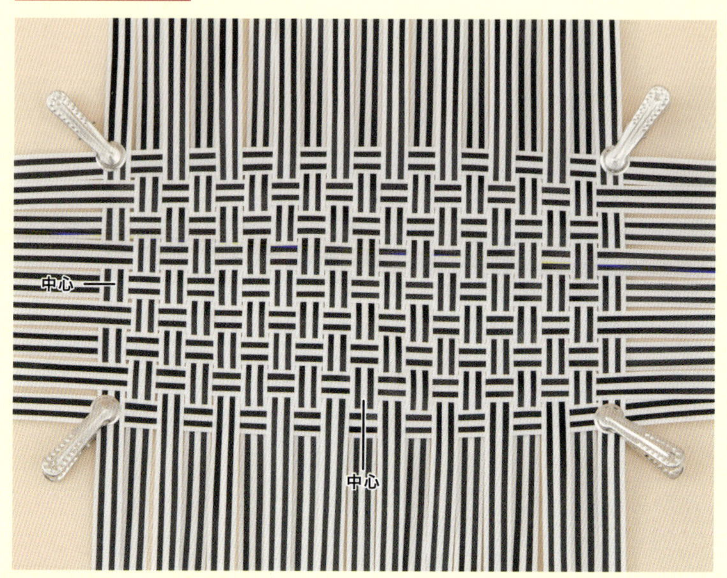

1 94cmの底ひもを縦に19本揃えて並べ、108cmの底ひもを横に9本編む。中心を合わせて縦、横の隙間をつめ、4つの端をピンチで留める。これが底の内側になる。

▶ 側面を作る

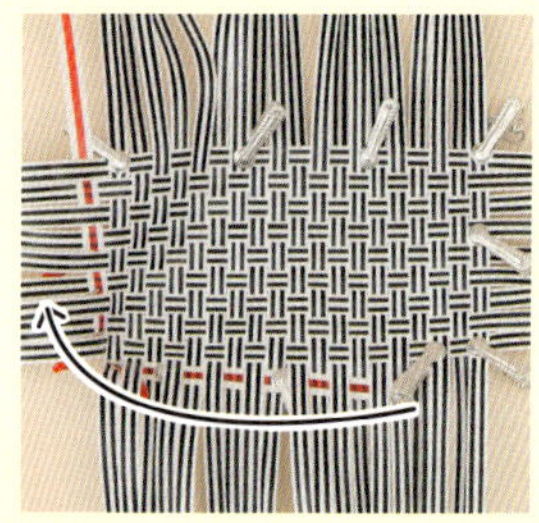

2 立ち上げて側面を編む。側面の前側に、104cmの編みひも（白＋赤ライン）1本を、上下が交互になるように編む。

3 立ち上げは折り目をつけず自然に編むが、四隅だけはしっかり角を作り、ワニ口クリップで留める。

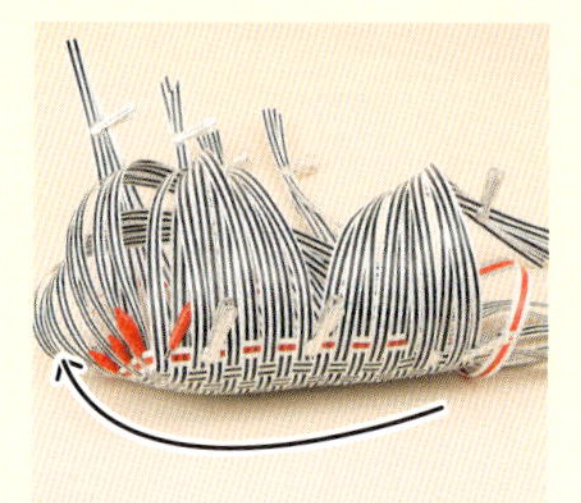

4 四つ角を作りながら、ぐるりと1周編み、端は切らずに残しておく。これで1段目が編めた。

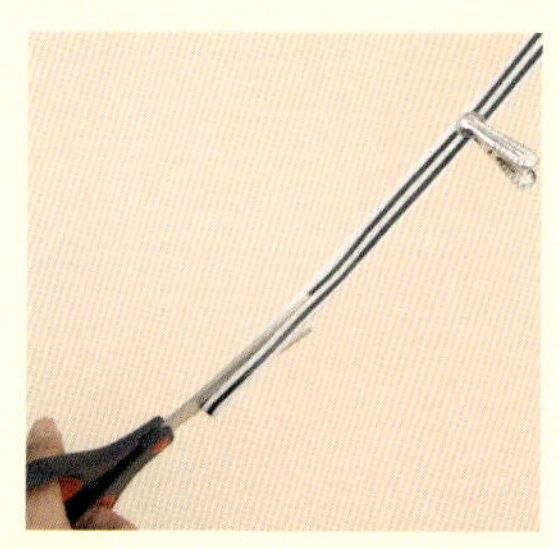

5 調整用ひもを中心から半分に折り、折り返した部分から2本合わせて斜めにカットし、調整用ひもを作る。端は切り離さず、つながったままにすること。

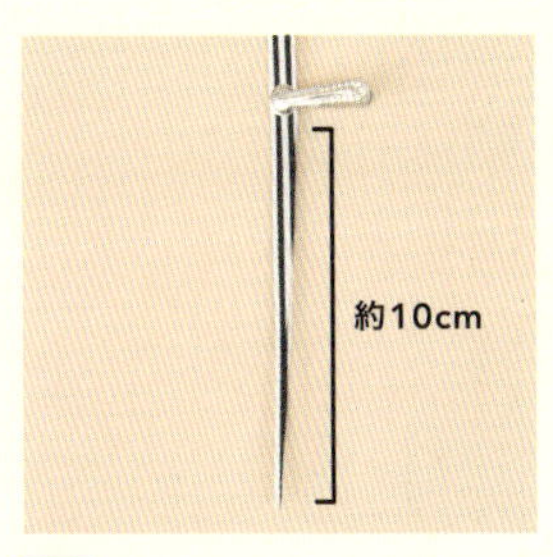

6 約10cm、斜めにカットする。

7 2段目からは、本体が上に広がる台形になるように、縦に調整用ひもを追加して編む。104cmの編みひも（白＋赤ライン）1本で編み、写真の位置（角から3本目と4本目の間）に5〜6でカットした調整用ひもを挟む。

8 3段目は104cmの編みひも（白＋赤ライン）1本で編む。7で挟んだ調整用ひもも1本ずつに分け、それぞれ交互に上下にくるように編む。

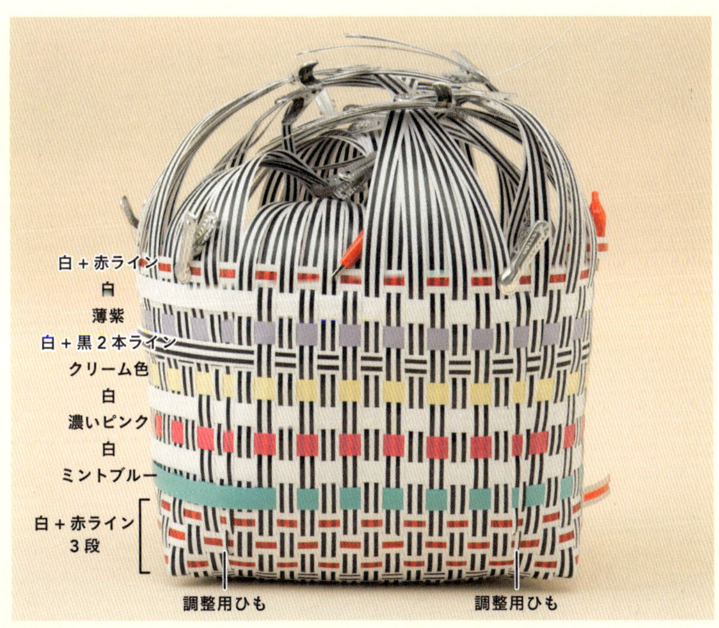

9 104cmの編みひもで合計12段編む。下から白＋赤ラインを3本、ミントブルー、白、濃いピンク、白、クリーム色、白＋黒2本ライン、薄紫、白、白＋赤ラインの順に編む。

10 斜めにカットした調整用ひもによって、全体が台形になる。12段目まで編み、全体の隙間をできるだけつめ、形を整える。調整用ひもを引っぱると隙間ができやすくなるので、できるだけ他のひもを引っぱってつめる。

▶ 本体を仕上げる

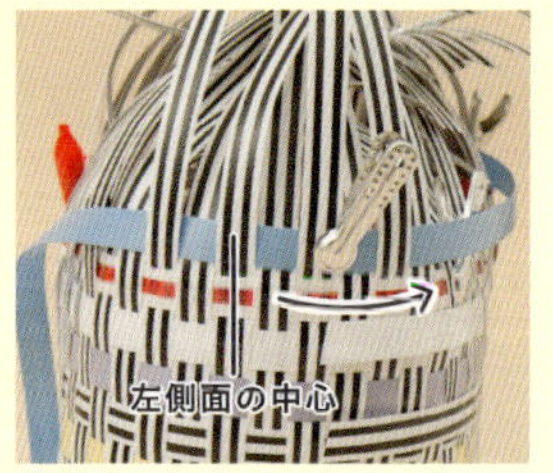

11 13段目以降は、持ち手を取りつけながら72cmの編みひもで編む。左側面の中心に、編みひも（薄い青）1本の中心を合わせて通し、右側を前に向かって編む。

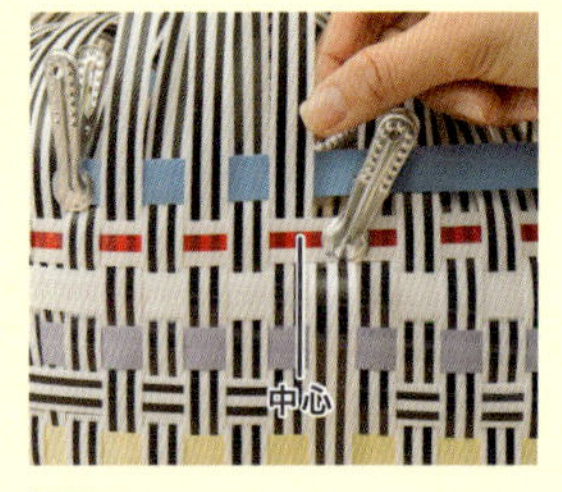

12 前面の中心の1本前まで編んだら、上に出ている底ひもを横に折り返す。

13 折り返したところ。

14 続けて、編みひも（薄い青）を下に折り返す。

15 そのまま編み目に合わせて差し込む。

16 写真の位置まで差し込んだら、余分はそのままにしておく。

17 11の反対側（左側）を後ろに向かって編み、11〜15と同様にする。

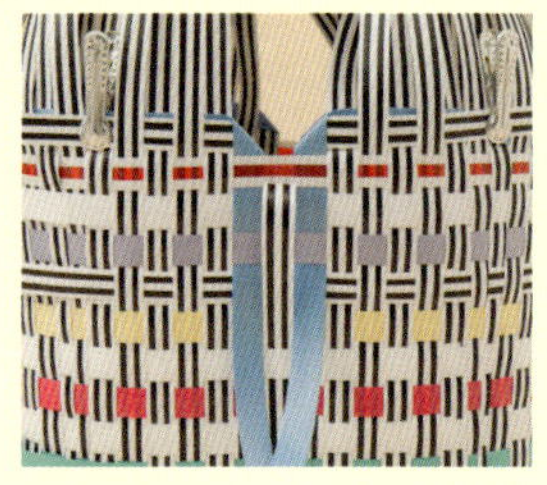

18 右側も側面の中心から編みひも（薄い青）を1本通し、11〜17と同様に前面、後面の順に編む。写真は、合計4か所を始末したところ。

19 14段目も、11〜18と同様に白で編む。前の段の折り返した端から1本手前まで編み、上に出ている底ひもを横方向に折り返す。

20 続けて、編みひも（白）を下に折り返し、そのまま下に数段分差し込む。

21 前後の合計4か所を13〜20と同様に始末する。

22 15段目は編みひも（薄いピンク）で編む。側面から前に向かって、前の段の折り返した端から1本手前まで編む。

23 上に出ている底ひもを横に折り返す。

24 編みひも（薄いピンク）を、持ち手を挟みながら横に折り返し、1目編む。

25 編みひも（薄いピンク）を、写真のようにくるりと折り返し、斜め下の編み目に差し込み留める。ここでは仮留めにしておく。

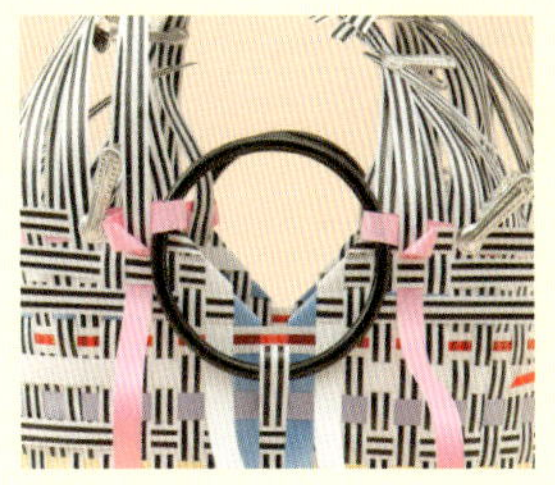

26 前後の合計4か所を、同様に留める。本体中央の底ひもも折り返し、下に向かって通して仮留めしておく。

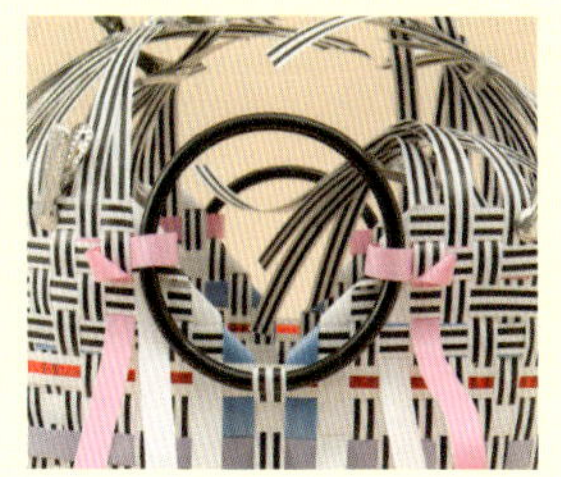

27 16段目は編みひも（白）で編む。この段は持ち手を挟まず、14段目と同様に、斜めになるように編む。

▶ 縁を始末する

28 17段目は縁を編む。縁ひも3本の中心を、**11**と同様に側面の中心に通し、P.44「縁の始末」を参照し、底ひもを縁で折り返しながら編む。

29 まずは本体の前面に向かって編む。

30 15段目（薄いピンク）と同様に持ち手を挟みながら折り返し、続けて縁を編む。

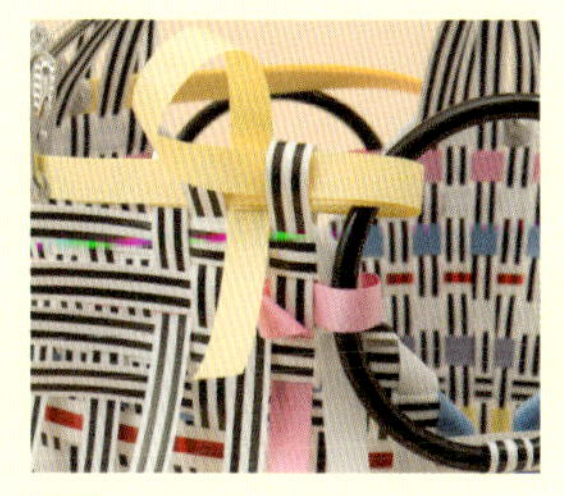

31 折り返して1目編んだ位置で、外側の縁ひも1本はくるりと折り返して内側に差し込む。

32 6本重なった縁ひもの、内側から1本目と2本目の間に差し込む。

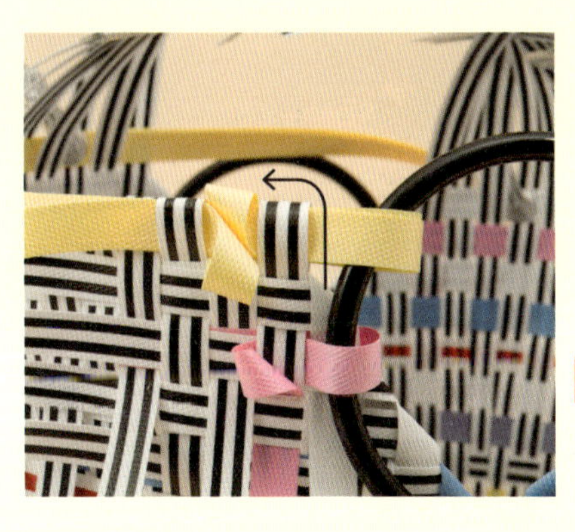

33 そのままさらに、横に折り返して編む。

34 **28**～**33**と同様にして縁ひもを通し、合計4か所編む。

35 中心の底ひもは、持ち手を挟みながら後ろから前に折り返し白の編み目に差し込む。くるりと折り返して横に差し込み、さらに折り返して縦に差し込む。

36 持ち手を留めたひもを引きしめながら、仮留めした編みひもをすべてしっかり引きしめる。

37 中心も引きしめる。すべての余分なひもを、先が編み目に隠れる位置でカットして始末する。

PLAKAGO COLLECTION

ベトナムの職人が制作した
本場のプラカゴ。
色も柄も、同じものは
一つもないというくらい
バリエーションが豊富！
プラカゴ作りにすぐ活かせる
制作のヒントがいっぱい。

HINT!

シンプルに真っ直ぐ編む

底ひもと編みひもをそれぞれ真っ直ぐに編む、一番簡単な方法。どんな柄になるのか編んでみてはじめて発見できるのも、プラカゴ作りの楽しさ。

CHECK!

6色で底を編み、側面は編みひもを1色で編んだプラカゴ。

CHECK!

ポップな配色のモザイク模様。ランダムに見えて、実は規則的な配色になっているため、柄がしっかり浮かび上がる。

CHECK!

½ 幅にカットしたひもで作ったチェック柄。ブロック分けして配色すると、大柄のチェックに。

1本ラインのひもを4本ずつ通してクロスさせたチェック柄。茶色のひもでもう一つクロスを作り、タータンチェックを表現。

CHECK!

CHECK!

ピンクと茶色のひもを2段ずつ同じ編み目に通したデザイン。編み目の幅の工夫でも、斬新な柄が生まれる。

HINT!

ライン入りのひもで編む

はじめからラインの入ったひもで編むと、より複雑な柄に見える。1本ライン、2本ラインのひもがあるので、使い分けにも注目。

HINT!

表面を飾るアレンジ

完成したバッグの表面に、更にひもを通して飾ると、オリジナリティーがアップ。厚みが出てしっかりする利点も。

CHECK!

何色もの飾りひもを½幅にカットして、V字に編んで飾った、カラフルなアレンジ。

CHECK!

黒のプラカゴの表面を、白のひもで飾ったデザイン。コントラストが強いため、モダンな印象に。

HINT!

まだまだある！個性派プラカゴ

ベトナムの職人が作り出すプラカゴは、日々進化中。新しいデザインがどんどん登場する。編み方や、持ち手の工夫が面白い。

CHECK!

斜め編みのバッグは、ジグザグの縁がアクセント。底を斜めにして立ち上げ、側面を編んでいく。

CHECK!

レザーの持ち手で、カジュアル使いできる千鳥格子柄。市販の持ち手をハトメで取りつけても良い。

11,12

フタつきケース&小物入れ ▶ P.12,13

11 SIZE : 横24×高さ6×縦24cm
12 SIZE : 底6×高さ6cm

用意するもの

11 フタつきケース
[PPバンド] (15.5mm幅)

フタ

■ 底ひも
60cm×32本(濃いピンク10本、赤紫6本、黄みよりの金色6本、ミントブルー10本)

■ 編みひも
116cm×3本(赤紫1本、黄みよりの金色1本、ミントブルー1本)

■ 縁ひも
116cm×3本(濃いピンク3本)

入れ物

■ 底ひも
60cm×30本(黄みよりの金色)

■ 編みひも
116cm×4本(黄みよりの金色)

■ 縁ひも
116cm×3本(黄みよりの金色)

12 小物入れ
[PPバンド] (15.5mm幅)

■ 底ひも
28cm×8本

■ 編みひも
30cm×3本

■ 縁ひも
30cm×3本

※P.13の作品左上から時計回りに、ピンク、紅ピンク、桜、紫式部、赤、黄色、クリアピンク、ミント、中央はオレンジで1個ずつ作る。

▶ フタつきケース(フタ)を作る

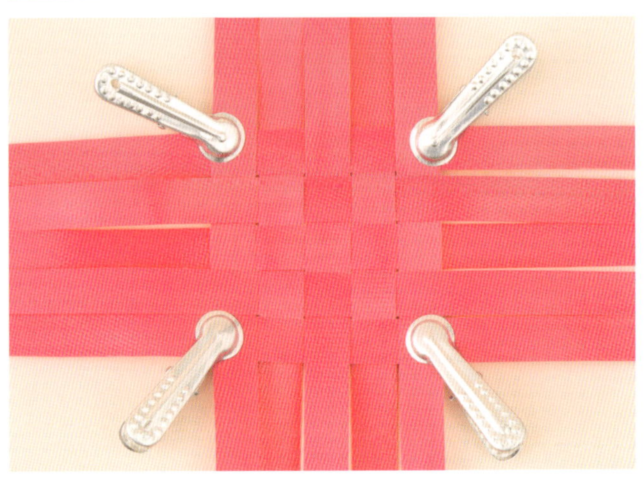

1 底を編む。上と左を15cmずつ残して、底ひも(濃いピンク)5本ずつを縦横に編む。

2 続けて、右と下に赤紫3本、金色3本ずつを編む。

3 さらに、右と左にミント5本ずつを編み、中心を合わせて整える。これがフタの裏側になる。

4 立ち上げて側面を編む。編みひもで下から赤紫、金色、ミントブルーの順に3段編み、縁は縁ひも3本を通し、P.34「縁の始末」を参照し、編みひもを折り返して始末する。

5 縁は3本の縁ひもの間に、底ひもを交互に差し込んで始末する。

▶ 小物入れを作る

1 底を編む。中心を合わせて、底ひも（ここではオレンジ）4本ずつを縦横に編む。

> **POINT**
>
> フタつきケースの入れ物は、すべて黄みよりの金色で、底ひもを縦、横1本ずつ減らし、側面は5段（4段と縁）編む。

2 立ち上げて側面を編む。編みひもで3段編み、縁は縁ひも3本を通し、編みひもを折り返して始末する。

13
横長の特大バッグ ▶ P.14

SIZE : 横64×高さ24×マチ26cm　持ち手40cm

用意するもの

［PPバンド］(15.5mm幅)

■ 底ひも
94cm×42本(ブルーグリーン10本、薄紫8本、赤紫8本、薄いピンク7本、黄緑9本)、
132cm×17本(ブルーグリーン4本、薄紫3本、赤紫3本、薄いピンク3本、黄緑4本)

■ 編みひも
200cm×13本(ブルーグリーン3本、薄紫3本、赤紫3本、薄いピンク2本、黄緑2本)

■ 縁ひも
200cm×3本(薄いピンク)

■ 持ち手ひも
120cm×16本(赤紫、黄緑をそれぞれ½幅にカットして8本ずつ)

■ ボタンひも
35cm×2本(赤紫)、
45cm×1本(赤紫を¼幅にカット)

■ ループひも
40cm×1本(薄紫を⅙幅にカット)

ビニールチューブ(内径9mm)　40cm×2本

POINT

底ひもは偶数で作るため、持ち手を左右対称に取りつけられないが、大きなバッグの場合は気にならないので、サイズを優先して作ると良い。

▶ 本体を作る

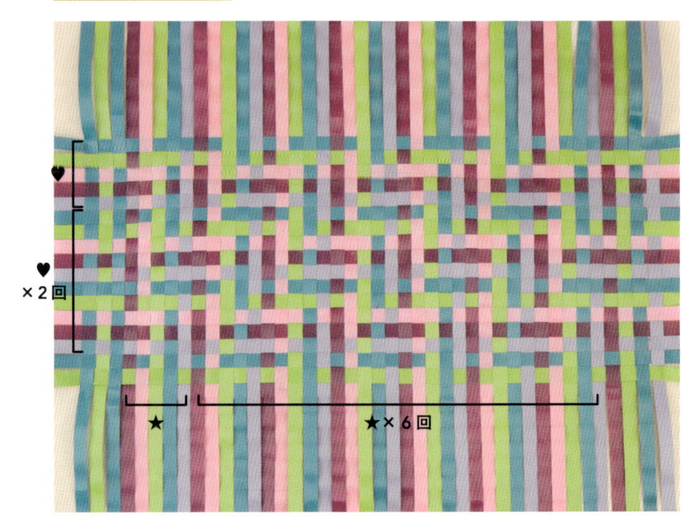

1 底を編む。94cmの底ひもを縦に左からブルーグリーン、黄緑、ブルーグリーンと並べ、★(赤紫、薄いピンク、黄緑、ブルーグリーン、薄紫)を7回くり返して並べ、黄緑、ブルーグリーン、薄紫と並べる。132cmの底ひもを横に上から♥(ブルーグリーン、黄緑、薄いピンク、赤紫、薄紫)を3回くり返して編み、ブルーグリーン、黄緑の順に編む。これがバッグの底の内側になる。

2 立ち上げて側面を編む。角はワニロクリップで固定しながらしっかり作る。

3 編みひもで下からブルーグリーン、薄紫、赤紫、薄いピンク、黄緑の順に2回くり返して編み、さらにブルーグリーン、薄紫、赤紫の3段を編む。縁は縁ひも3本を通し、編みひもを折り返して始末する。

▶持ち手、ボタン、ループをつける

4 持ち手を作る。持ち手ひも8本を2本どりにして写真のように組み、P.35「持ち手の作り方」を参照し、40cm編み、ビニールチューブに通す。合計2本作る。

5 ボタンひもとループひもで、P.36〜37「留め具の作り方」と「ループの作り方」を参照し、ボタンとループ（15cm）をそれぞれ作る。

6 持ち手を本体につける。表の写真の位置（中心から7目の上から2段目）に、持ち手のひも各色2本ずつ（合計4本）を通す。

7 写真のように左右に分け、くるりと折り返して留める。

8 本体の内側は、ハの字を描くように固定する。

9 本体前面の中央の、上から3段目にボタンを通す。

10 下に向かって2段分留める。

11 本体後面の、内側の中央の編み目にループを差し込む。

12 下に向かって2段分留める。

14

ゴールドのボーダーバッグ ▶ P.15

SIZE : 横32×高さ24.5×マチ11cm　持ち手44cm

用意するもの

[PPバンド] (15.5mm幅)

■ 底ひも
80cm×21本(金色＋黒2本ライン)、
101cm×7本(金色＋黒2本ライン)

■ 編みひも
106cm×12本(金色5本、カーキ3本、
深緑3本、濃赤1本)、
106cm×2本(濃赤を½幅にカット)

■ 縁ひも
106cm×3本(金色)

■ 持ち手ひも
130cm×8本(金色＋黒2本ライン、
金色をそれぞれ½幅にカットして4本ずつ)

ビニールチューブ(内径9mm)　44cm×2本

▶ 本体を作る

1 底を編む。80cmの底ひもを縦に21本並べ、101cmの底ひもを横に7本編む。これが本体の底の内側になる。

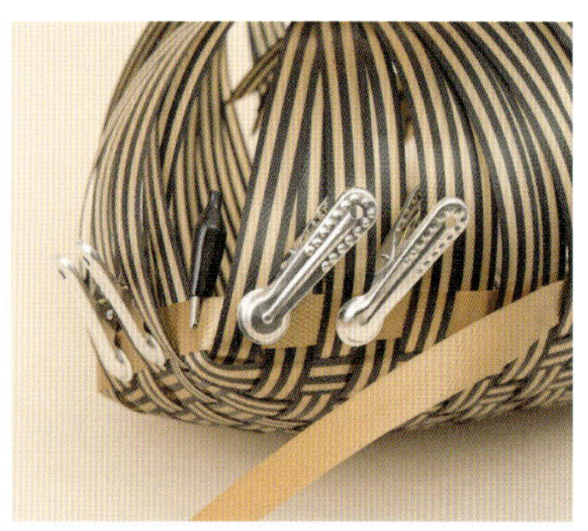

2 立ち上げて側面を編む。1段目は金色で編み、角はワニ口クリップで固定しながらしっかり作る。

3 編みひもで下から金色2段、濃赤1段、深緑2段、カーキ2段、濃赤(½幅にカット)1段、金色2段、深緑1段、カーキ1段、濃赤(½幅にカット)1段、金色1段を編む。続いて縁ひも(金色)3本を通し、編みひもを折り返して始末する。

▶ 持ち手をつける

4 持ち手を作る。持ち手ひも4本を写真のように組む。

5 P.35「持ち手の作り方」を参照し、44cm編み、ビニールチューブに通す。合計2本作る。

6 内側の写真の位置（中央から6目のところ）に、持ち手のひも4本を通す。

7 2本ずつ左右に分けて、くるりと折り返し、斜め下の編み目に差し込んで留める。

8 写真のように左右3か所ずつ留める。

9 6〜8と同様にして、持ち手2本を左右対称につける。

POINT

½の幅にカットした濃赤のひもを2か所に編み、デザインのアクセントに。

16,17
大柄チェックのショルダーバッグ

▶ P.17

SIZE： 横31.5×高さ24×マチ10.5cm　持ち手54cm

用意するもの

16

［PPバンド］(15.5mm幅)

- 底ひも
  78.5cm×21本（白＋黒2本ライン13本、黒4本、黄緑4本）、99.5cm×7本（白＋黒2本ライン）
- 編みひも
  100cm×14本
  （赤紫3本、黄緑3本、黒4本、薄紫4本）
- 縁ひも
  100cm×3本（赤紫）
- 持ち手ひも
  135cm×8本（黄緑、赤紫をそれぞれ½幅にカットして4本ずつ）

ビニールチューブ（内径9mm）　54cm×2本

17のバッグは、白＋黒2本ライン→白＋紫ライン、黒→薄紫、黄緑→黄色、赤紫→オレンジ、薄紫→水色に変更して用意。

▶ 本体を作る

1 本体の底を編む。78.5cmの底ひもを縦に21本並べる。左から白＋黒2本ライン4本、黒1本、黄緑2本、黒1本、白＋黒2本ライン5本、黒1本、黄緑2本、黒1本、白＋黒2本ライン4本。

2 99.5cmの底ひもを、中心を合わせて横にすべて編む。これが本体の底の内側になる。

3 立ち上げて側面を編む。編みひもで下から赤紫3段、黒1段、黄緑2段、黒1段、薄紫4段、黒1段、黄緑1段、黒1段を編む。縁は縁ひも（赤紫）3本を通し、編みひもを折り返して始末する。

▶持ち手をつける

4 持ち手を作る。持ち手ひも4本を写真のように組む。

5 P.34「持ち手の作り方」を参照し、54cm編み、ビニールチューブに通す。合計2本作る。

6 本体外側の写真の位置（中央から5目のところ）に、持ち手のひも2本を通す。

7 内側は1段下に2本通す。

8 左右に分けて（中心寄りが赤紫）くるりと折り返し、斜め下の編み目に通して留める。

9 写真のように左右6か所ずつ留める。

10 内側も同様に留め、持ち手2本をつける。

▶17の配色

16のバッグと比べ、ストライプのPPバンドの柄の幅が広いため、大柄のチェックがさっぱりとして見える。

18

クロス模様のバスケット ▶ P.18

SIZE : 横34×高さ17.5×奥行き18cm　持ち手33cm

用意するもの

［PPバンド］(15.5mm幅)

- 底ひも
  63cm×23本(グレー)、89cm×12本(グレー)
- 編みひも
  124cm×10本(グレー)
- 縁ひも
  124cm×3本(グレー)
- 持ち手ひも
  95cm×8本(グレー、
  濃紺をそれぞれ½幅にカットして4本ずつ)
- ボタンひも
  35cm×2本(グレー)、
  40cm×1本(グレーを¼幅にカット)
- ループひも
  50cm×1本(グレーを⅙幅にカット)
- 飾り用ひも
  濃紺90cm、濃赤60cm

ビニールチューブ(内径9mm)　33cm×2本

▶ 本体を作る

1 グレー1色のバッグを作る。底ひも63cmを縦に23本並べ、89cmを横に12本編む。編みひもで10段編み、縁ひもを編んで縁を始末する。

▶ 持ち手、ボタン、ループをつける

2 持ち手はグレーと濃紺で斜めストライプに2本編む。ボタン、ループ(14cm)を作り、写真のように取りつける。

3 持ち手は本体の内側にも留める。

4 本体の後ろ側中央に、ループを留める。

▶ 飾りを作る

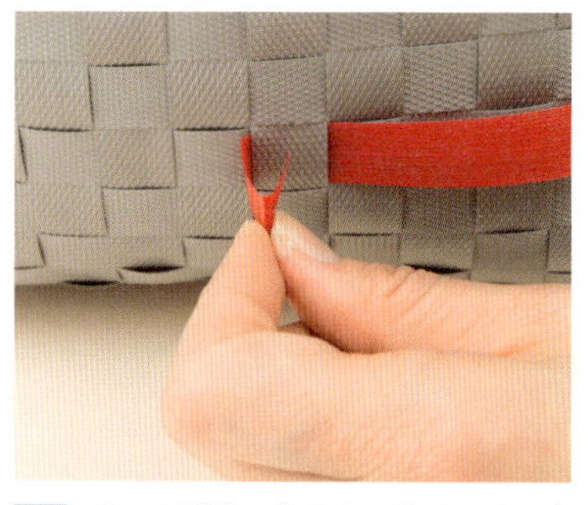

5 クロス模様の飾りをつけていく。中心が編みひもの場所に飾りたい場合、底ひもの編み目に濃赤の飾り用ひもを通し、端を1.5cm程内側に折る。

6 折った端を編み目に差し込み、1目を濃赤にする。続けて、もう1目右に差し込む。

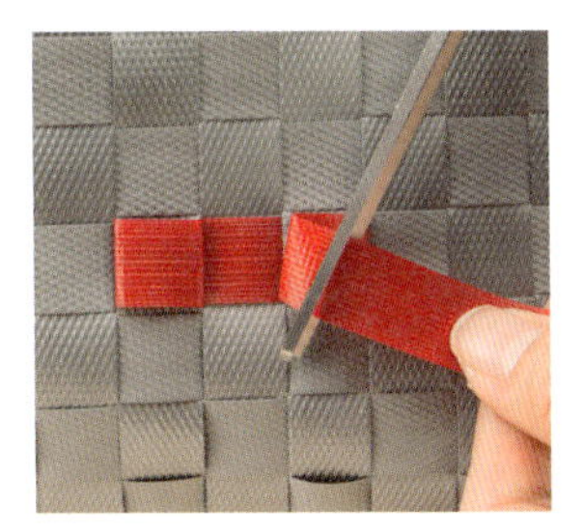

7 左に折り返し、内側に折り込む分を残してカットする。編み目に合わせて、隠れる長さに調整すること。

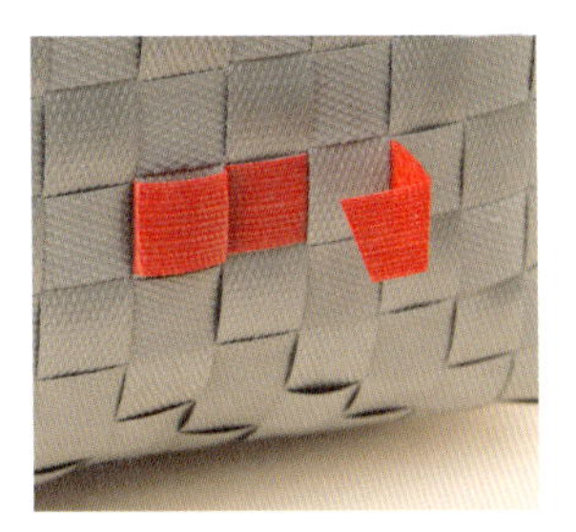

8 先端は斜めにカットすると、編み目に差し込みやすい。

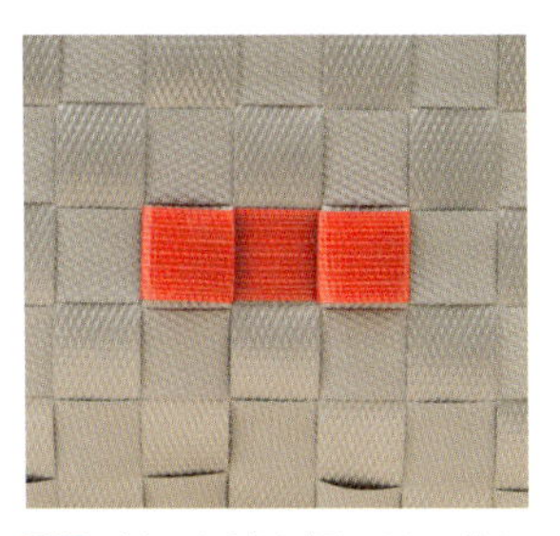

9 折った端を編み目に差し込み、濃赤にする。これでクロスの横のラインができた。

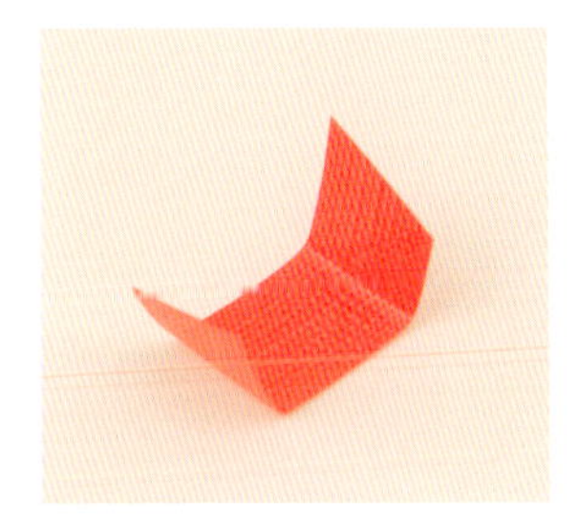

10 写真のように、1目分をカバーできるパーツを3個作る。両端は斜めにカットしておく。

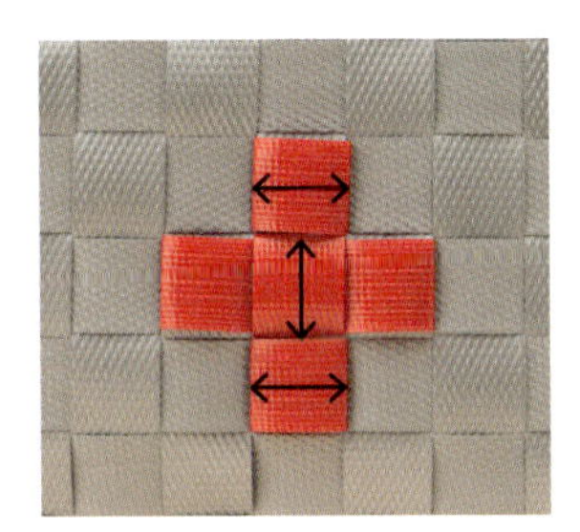

11 クロスの中心と上下に、矢印の向きに従って10のパーツを差し込む。中心が編みひものクロスの完成。

12 中心が底ひもの場合、まずは縦に1列ラインを入れる。

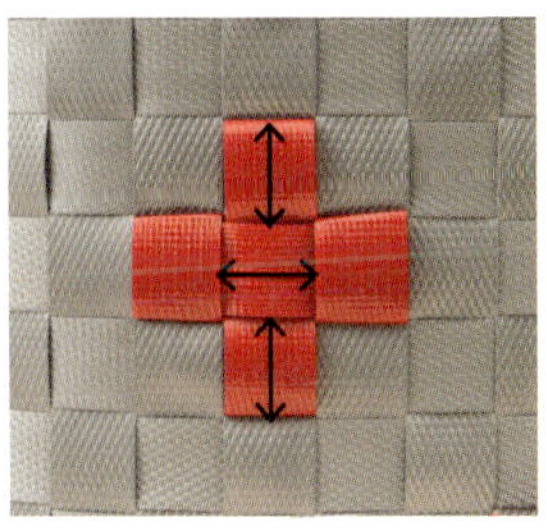

13 続いて、中央と左右にパーツを差し込み、クロスにする。

19,20

クロス模様のバッグ ▶ P19

SIZE：横33.5×高さ27.5×奥行き14.5cm　持ち手33cm

用意するもの

［PPバンド］(15.5mm幅)

- 底ひも　89.5cm×23本、108.5cm×10本
- 編みひも　116cm×17本
- 縁ひも　116cm×3本
- 持ち手ひも　95cm×8本(½幅にカット)
- ボタンひも　35cm×2本、40cm×1本(¼幅にカット)
- ループひも　50cm×1本(⅙幅にカット)

ビニールチューブ(内径9mm)　33cm×2本

19は濃いピンク、20は薄いピンクで用意。

作り方

1. 108.5cmの底ひもを縦に10本並べ、89.5cmの底ひも23本を横に編む。
2. 底を立ち上げて編みひもで17段編み、最後は縁ひもを3本編んで縁を始末する。
3. 33cmの持ち手2本、ボタン1個、14cmのループ1個を作り、写真の位置につける。
4. バッグ本体が完成したら、自由に模様を入れて飾る。

21
マガジンラック ▶ P.20

SIZE : 横26.5×高さ14.5×縦14.5cm　持ち手20cm

用意するもの
[PPバンド](15.5mm幅)
- 底ひも
  63.5cm×17本、
  75.5cm×9本(薄い青)
- 編みひも
  102cm×8本(薄い青)
- 縁ひも
  102cm×3本(薄い青)
- 持ち手ひも
  60cm×8本(薄い青を½にカット)

アルミワイヤ(3mm)　92cm
ビニールチューブ(内径9mm)　20cm×2本

POINT
ワイヤはできあがった本体の底に合わせてサイズを決めると、きれいに仕上がる。底の角の外側に合わせ、ヤットコで曲げる。

▶ 本体を作る

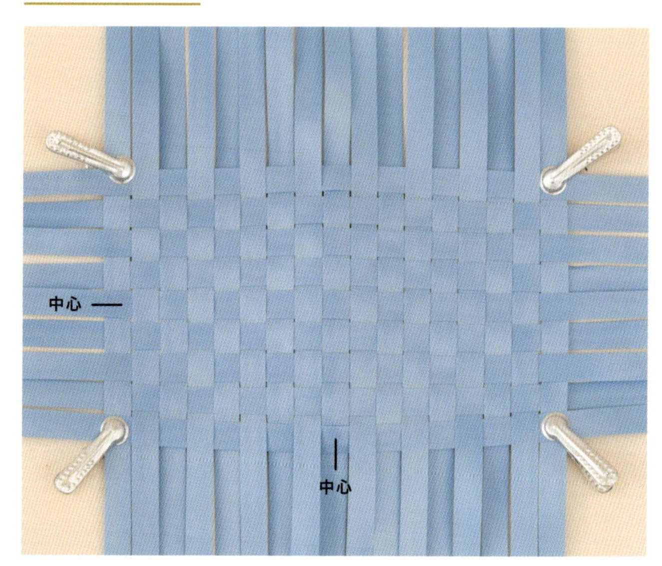

1 本体の底を編む。63.5cmの底ひもを縦に17本並べ、75.5cmの底ひもを横に9本編む。これが本体底の内側になる。続けて、立ち上げて編みひもで側面を8段編み、9段目は縁ひもをまずは2本で編む(1本残しておく)。

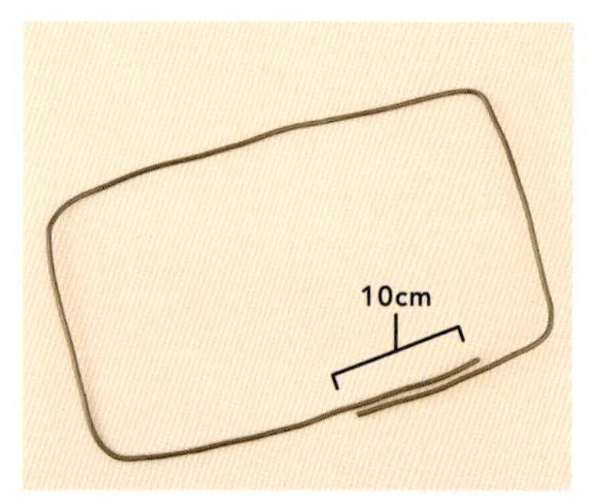

2 縁に通すアルミワイヤをカットし、縁と同じサイズの長方形を作る。ワイヤの端は10cm重ねる。

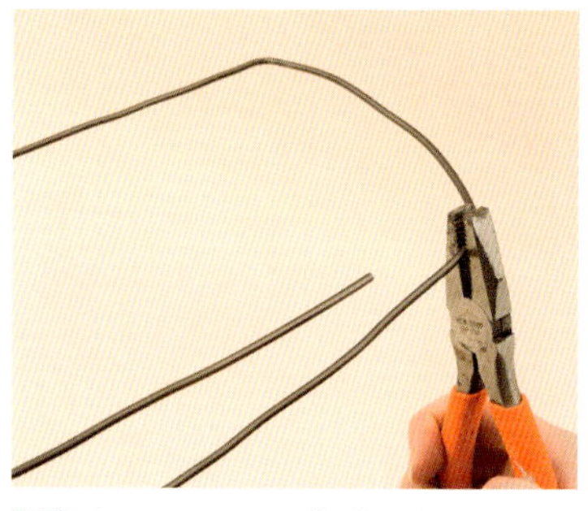

3 角はヤットコで曲げ、形をしっかり作る。

4 2本で編んだ縁の外側に、2、3で長方形にしたワイヤをはめ込み、ピンチで固定する。

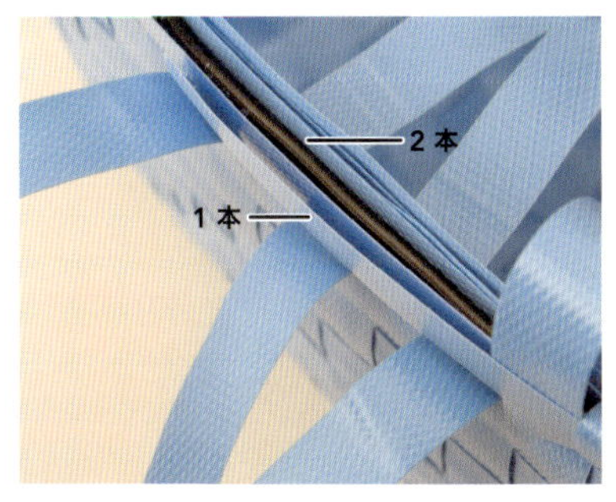

5 ワイヤを隠すように、9段目の縁ひもに重ねて、縁ひも1本を通す。縁ひもはワイヤを挟んで外側に1本、内側に2本となる。
※写真は一周して重なっているため2本と3本に見える。

6 合計3本の縁ひもの間に、底ひもを前後から交互に差し込み、縁を始末する。外側、内側からそれぞれ1本目と2本目の縁ひもの間に、底ひもを折り返して差し込む。

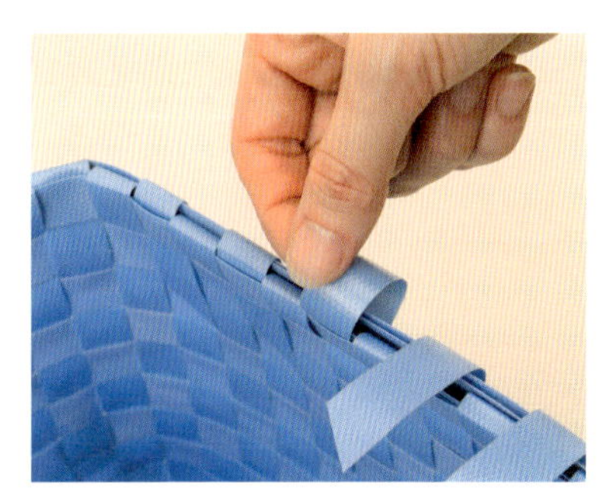

7 P.34「縁の始末」を参照し、外側と内側の底ひもを交互に折り返す。

8 ワイヤを通すので、形がしっかり整う。

9 すべてのひもを始末し、本体の完成。

▶持ち手をつける

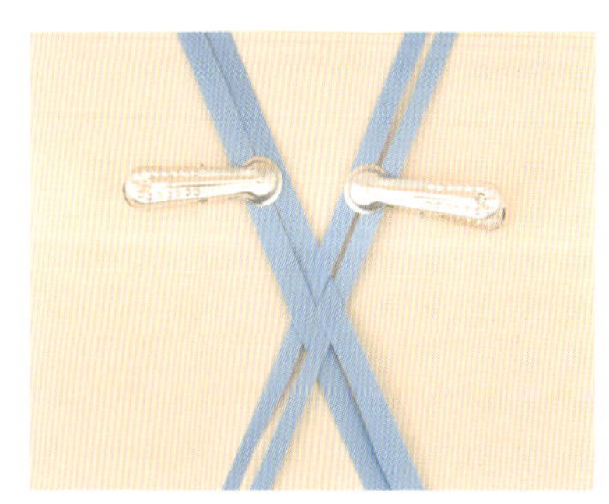

10 持ち手を作る。持ち手ひも4本を写真のように組み、P.35「持ち手の作り方」を参照し、20cm編み、ビニールチューブに通す。合計2本作る。

11 持ち手を本体につける。側面横の写真の位置（下から3段目）に、持ち手ひも4本を通す。

12 写真のように左右に分け、くるりと折り返して下に向かって2段分留める。左右同様に留め、合計2本の持ち手をつける。

POINT

持ち手をつけずシンプルな収納ボックスに仕上げても。棚のサイズに合わせて作ると、すっきり収納できる。

22
フタつきバスケット ▶ P.21

SIZE : 横25.5×高さ19.5×マチ14cm　フタ横25.5×縦14cm　持ち手50cm

用意するもの

[PPバンド] (15.5mm幅)

■ 底ひも
87cm×17本（白＋金色2本ライン）、
84.5cm×9本（白＋金色2本ライン）、
45.5cm×8本（白＋金色2本ライン）

■ 編みひも
89cm×11本（白＋金色2本ライン8本、赤1本、金色1本、水色1本）

■ 縁ひも
89cm×3本（白＋金色2本ライン）、
73.5cm×3本（白＋金色2本ライン）、
34cm×2本（白＋金色2本ライン）

■ 持ち手ひも
140cm×8本
（赤、白をそれぞれ½幅にカットして4本ずつ）

■ ボタンひも
30cm×2本（赤を½幅にカット）、
40cm×1本（赤を¼幅にカット）

■ ループひも
70cm×1本（赤を⅙幅にカット）

アルミワイヤ
89cm×1本、25.5cm×1本、14cm×2本

ビニールチューブ（内径9mm）　50cm×2本

▶ 本体を作る

1 P.60、61のマガジンラックを参照し、縁にワイヤを通して本体を編む。87cmの底ひもを縦に17本（上を24cm残す）、84.5cmの底ひもを横に9本並べて底を編む。89cmの編みひもで側面を編む。下から白＋金色2本ライン7段、赤1段、金色1段、水色1段、白＋金色2本ライン1段。縁は89cmの縁ひもを3本通し、底ひもを長く残したところ以外の3辺を始末する。

▶ フタを作る

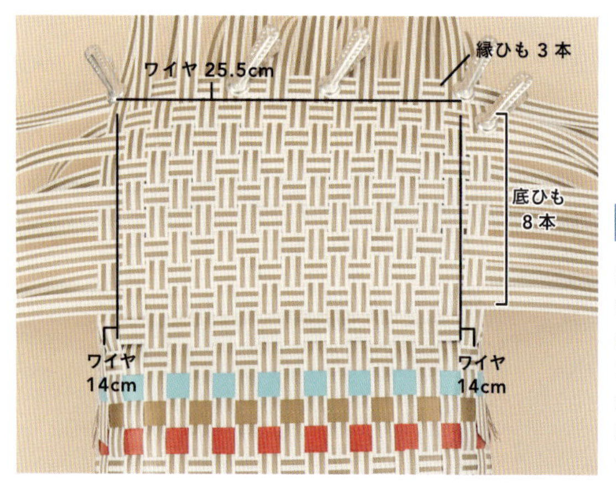

2 フタを作る。1で残した底ひもに、横に45.5cmの底ひも8本を編み、続けて73.5cmの縁ひも3本を編んでピンチで固定する。写真の位置にワイヤ3本を挟み、底ひもを引きしめ、フタの形を整える。

3 フタの長い辺は、外側から縁ひも1本、25.5cmのワイヤ、縁ひも2本の順になる。編みひもを折り返して始末する。

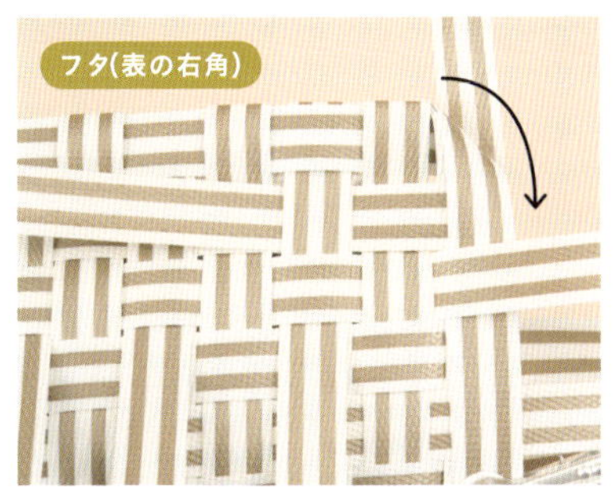

4 縁ひもを角まで編んだら、角は3本一緒に矢印の方向に折り、横に出ている編みひもに編んでいく。3本のうち内側2本は本体の縦中心まで真っ直ぐ編んで始末する。残した1本は6、7に続く。

5 右角の底ひもは矢印の方向に折り返して編み、始末する。フタの短い辺に14cmのワイヤ1本ずつを挟み、3と同様に始末する。

6 フタと本体の接続部分は、4で残した1本の縁ひもを本体の角でくるりと折り返して横の編み目に差し込む。

7 続けてもう一度くるりと折り返し、1目下に差し込む。

8 引きしめて留める。反対側も4〜8と同様に作る。すべてのひもを始末し、本体の完成。

▶持ち手、ボタン、ループをつける

9 P.35「持ち手の作り方」を参照し、持ち手ひもで赤と白の斜めストライプの持ち手50cmを2本作り、ビニールチューブに通す。本体の後面の写真の位置（左から3目、上から2段目）に、写真のようにつける。

10 2本とも同様につける。

11 P.36「留め具の作り方」を参照し、ボタンひもで½幅の小さなボタンを1個作り、本体前面の中心につける。

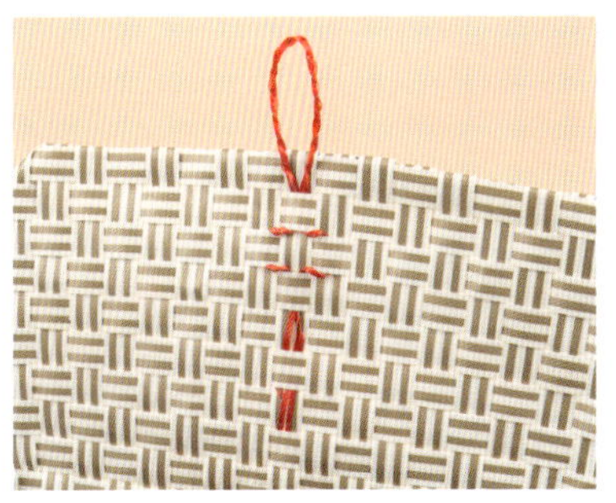

12 P.37「ループの作り方」を参照し、ループひもでループ（25cm）を作り、半分に折ってフタの裏側に写真のようにつける。

26,27

自転車カゴ用バッグ ▶ P.24

SIZE : 横32×高さ38×マチ16.5cm　持ち手34cm

用意するもの

26

[PPバンド]（15.5mm幅）

■ 底ひも
112.5cm×21本（ミントブルー3本、黄緑3本、赤3本、ダークブラウン3本、インディゴ〔紺色〕3本、黄色3本、クリーム色3本）、128cm×11本（ミントブルー2本、黄緑2本、赤2本、ダークブラウン2本、インディゴ〔紺色〕1本、黄色1本、クリーム色1本）

■ 編みひも
117cm×23本（ミントブルー4本、黄緑4本、赤3本、ダークブラウン3本、インディゴ〔紺色〕3本、黄色3本、クリーム色3本）

■ 縁ひも
117cm×3本（赤）

■ 持ち手ひも
110cm×8本（インディゴ〔紺色〕、クリーム色をそれぞれ½幅にカットして4本ずつ）

■ ボタンひも
35cm×2本（赤）、40cm×1本（赤を¼幅にカット）

■ ループひも
50cm×1本（クリーム色を⅙幅にカット）

ビニールチューブ（内径9mm）　34cm×2本

27

▶ 本体を作る

1 底を編む。112.5cmの底ひもを縦に21本並べる。左から♥（ミントブルー、黄緑、赤、ダークブラウン、インディゴ、黄色、クリーム色）を3回くり返して並べる。128cmの底ひもを横に11本通して編む。上から♥を1回編み、ミントブルー、黄緑、赤、ダークブラウンを1本ずつ編む。

2 立ち上げて側面を編む。下から♥を3回くり返して21段目まで編み、22段目はミントブルー、23段目は黄緑を編む。続けて縁ひも3本を通し、編みひもを折り返して始末する。

▶ 持ち手、ボタン、ループをつける

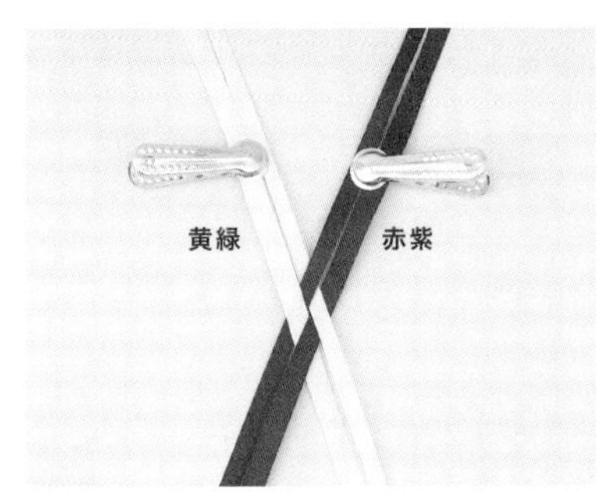

3 持ち手を作る。持ち手ひも4本を写真のように組み、P.35「持ち手の作り方」を参照し、34cm編み、ビニールチューブに通す。

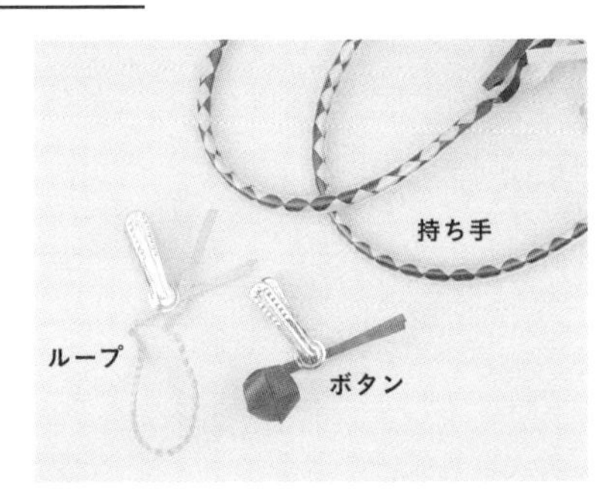

4 持ち手は同じものを2本作る。P.36、37の「留め具の作り方」と「ループの作り方」を参照し、ボタン1個、ループ(12cm)1本を作る。

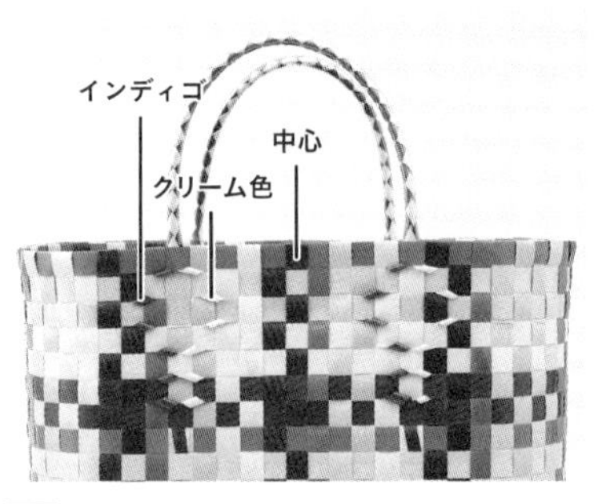

5 持ち手を写真の位置(中心から5目のところ)に取りつける。左側がインディゴ、右側がクリーム色になるように、ひもを分ける。

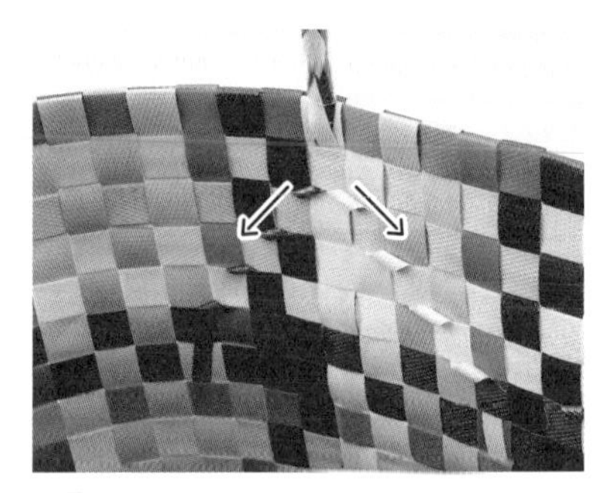

6 内側は1段下に通し、ハの字に取りつける。2本とも同様につける。

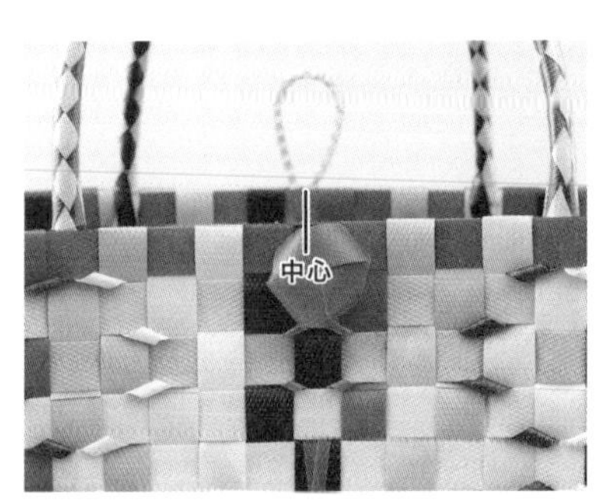

7 ボタンを本体前面の写真の位置につける。

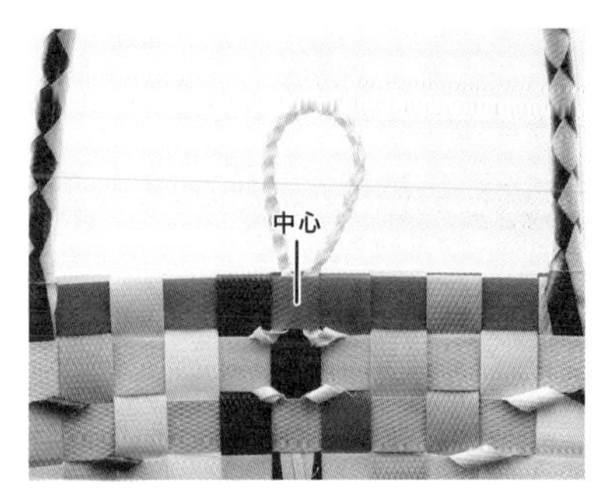

8 ループを本体後面の内側の、写真の位置につける。

▶ 27の作り方

用意するもの

[PPバンド](15,5mm幅)

■ 底ひも
112.5cm × 21本(薄紫5本、赤紫4本、グレー4本、インディゴ〔紺色〕4本、ブルーグリーン4本)、
128cm × 11本(赤紫3本、グレー2本、インディゴ〔紺色〕2本、ブルーグリーン2本、薄紫2本)

■ 編みひも
117cm × 23本(赤紫5本、薄紫5本、ブルーグリーン5本、インディゴ〔紺色〕5本、グレー3本)

■ 縁ひも　117cm × 3本(グレー)

■ 持ち手ひも
110cm × 8本
(赤紫、薄紫をそれぞれ½幅にカットして4本ずつ)

■ ボタンひも
35cm × 2本(赤紫)、45cm × 1本(赤紫を¼幅にカット)

■ ループひも　50cm × 1本(薄紫を⅙幅にカット)

ビニールチューブ(内径9mm)　34cm × 2本

1 底は112.5cmの編みひもを縦に、左から薄紫、赤紫、グレー、インディゴ、ブルーグリーンを3回くり返して並べる。128cmの底ひもを横に、上から赤紫、グレー、インディゴ、ブルーグリーン、薄紫を2回くり返して編み、さらに赤紫を1本編む。

2 立ち上げて側面を編む。下から赤紫、薄紫、ブルーグリーン、インディゴの順に4段編み、5段目から19段目まで赤紫、薄紫、ブルーグリーン、インディゴ、グレーを3回くり返して編み、さらに赤紫、薄紫、ブルーグリーン、インディゴの順に4段編む。

3 縁は縁ひも(グレー)3本を通して始末し、本体の完成。※配色はP.64の左下の写真を参照。

4 持ち手は**26**の作り方の**3**と同様に斜めストライプ柄で2本編み、ボタン、ループも**4**と同様に作る。**5**～**8**と同様に、それぞれ本体につける。

29

幾何学模様のバッグ ▶ P.26

SIZE : 横33.5×高さ28×マチ15cm　持ち手31cm

用意するもの

[PPバンド] (15.5mm幅)

■ 底ひも
91cm×21本(赤)、
109.5cm×9本(赤)

■ 編みひも
117cm×17本(赤)

■ 縁ひも
117cm×3本(赤)

■ 持ち手ひも
110cm×8本(赤を½幅にカット)

■ ボタンひも
35cm×2本(赤)、
40cm×1本(赤を¼幅にカット)

■ ループひも
50cm×1本(赤を⅙幅にカット)

■ 飾りひも
107cm×20本(白を½幅にカット)、
100cm×30本(白を¼幅にカット)、
80cm×30本
(ミントグリーンを½幅にカット)

ビニールチューブ(内径9mm)
31cm×2本

▶ 本体を作る

1 赤1色のバッグを作る。底ひも91cmを縦に23本並べ、109.5cmを横に10本編む。編みひもで17段編み、縁ひも3本を編んで縁を始末する。本体が完成したら、107cmの飾りひも(白)17本を、編みひもの上から通す。一番下の段は除く。

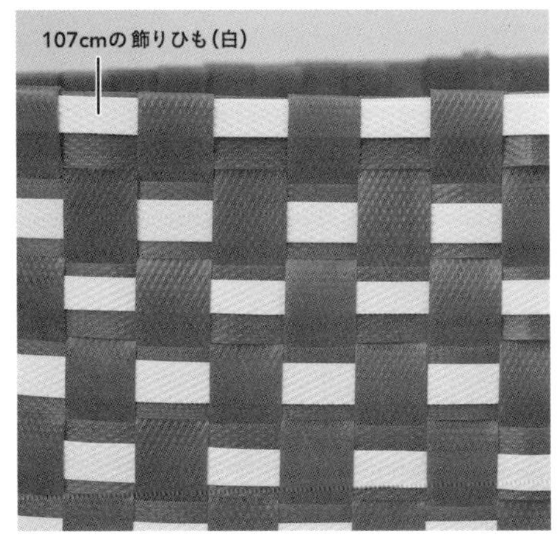

2 飾りひも(白)は、一番上の段は上に合わせ、その他の段は編みひもの中心に位置を合わせる。

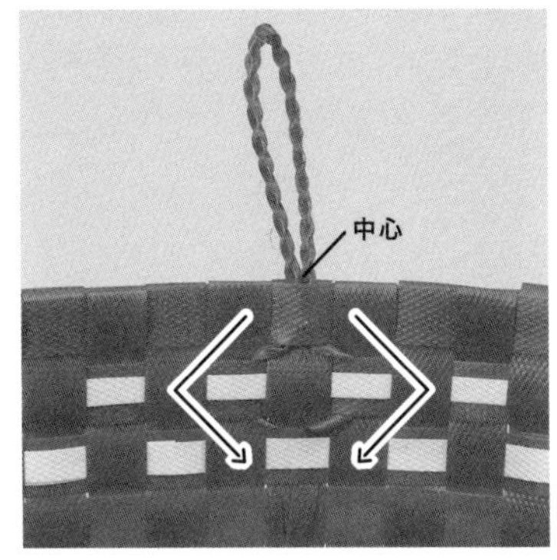

3 持ち手(31cm)2本、ボタン1個、ループ(15cm)1本を作り、ループを本体後面の内側に、写真のようにつける。その上から、内側の上から2段目、3段目に、**1**と同様に107cmの飾りひも(白)を通す。

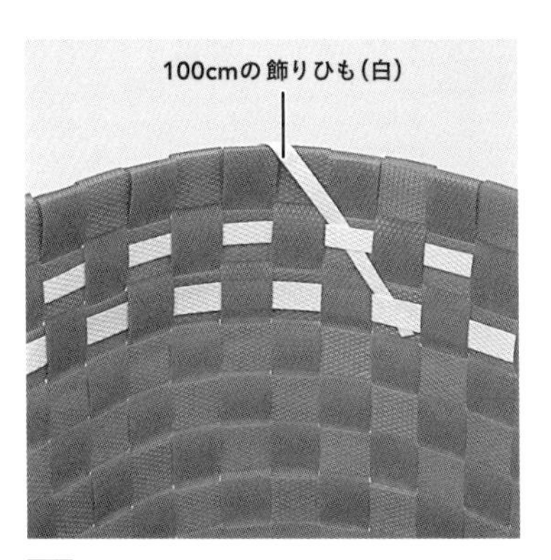

4 100cmの飾りひも(白)を本体内側に3段分、飾りひもの間に差し込み斜めに通し、表に折り返す。このとき端は、3段目に合わせる。

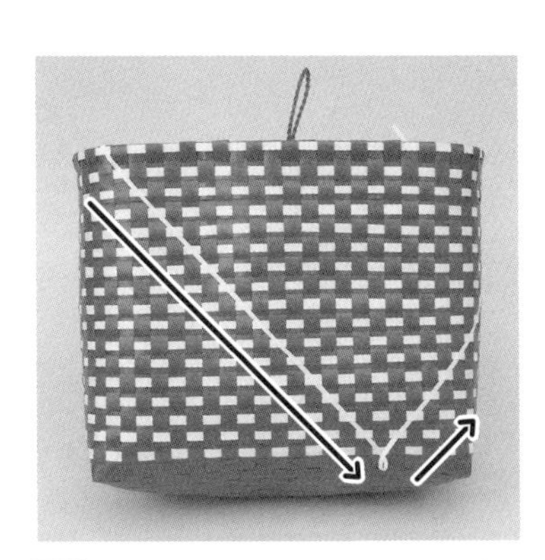

5 続けて本体の外側に、大きなV字を描くように通す。

6 下から2段目の飾りひもの部分で折り返す。

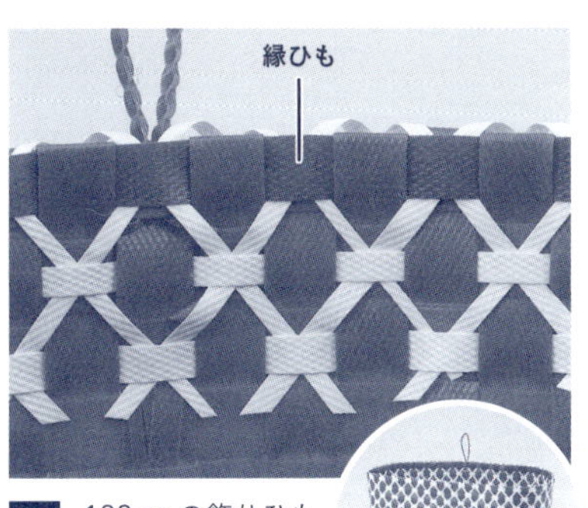

7 100cmの飾りひも（白）を合計30本通したら、縁の内側に、緑ひも1本を1周通す。

8 80cmの飾りひも（ミントグリーン）を、本体内側に3段分、編みひもの間に差し込み斜めに通し、表に折り返す。端はくるりと折り返して留める。

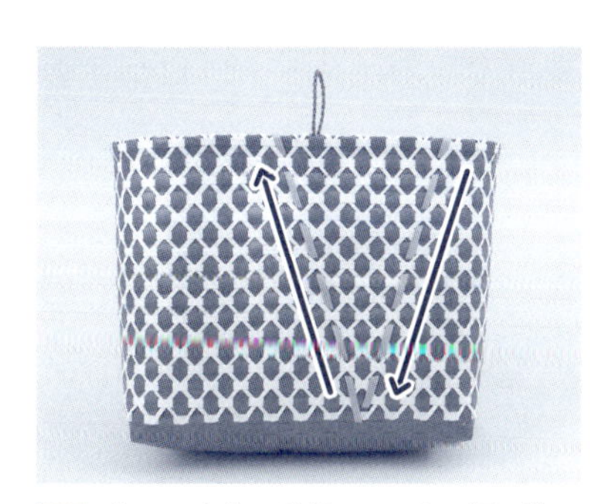

9 続けて本体の外側に、**5**より幅の狭いV字を描くように通す。

10 写真のように1段飛ばしで通し、下から2段目で折り返す。80cmの飾りひも（ミントグリーン）を合計30本通す。

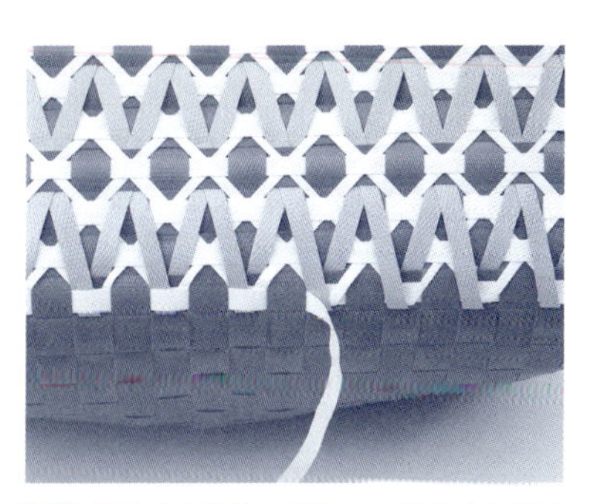

11 下から2段目に107cmの飾りひも（白）を1本通す。

12 表の中心から6目のところに、持ち手をつける。

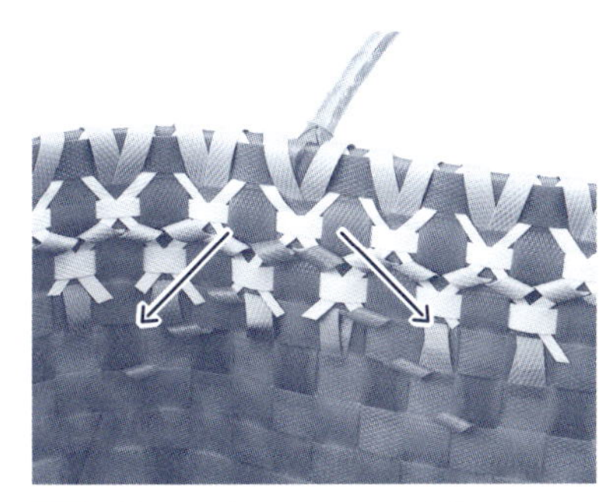

13 内側は写真のようにハの字留める。

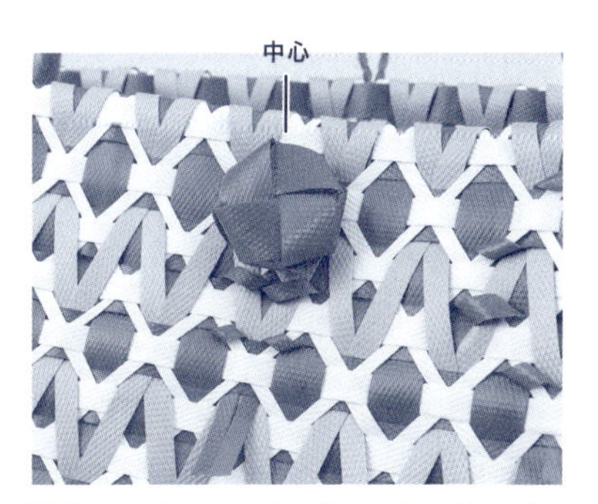

14 表中心の上から3段目の編み目にボタンを差し込み、2段分下まで留める。

03,04

2色のストライプバッグ ▶ P.9

03 SIZE : 横26×高さ19×マチ10.5cm　持ち手38cm
04 SIZE : 横24×高さ20×マチ11cm　持ち手24cm

用意するもの

03
[PPバンド] (15.5mm幅)

■ 底ひも
68.5cm×17本 (白9本、赤8本)、
84cm×7本 (白2本、白を½幅にカットして1本、赤4本)

■ 編みひも
93cm×11本 (白6本、赤5本)

■ 縁ひも
93cm×3本 (赤)

■ 持ち手ひも
120cm×8本
(白、赤½幅にカットしてそれぞれ4本)

ビニールチューブ (内径9mm)　38cm×2本

04
[PPバンド] (15.5mm幅)

■ 底ひも
71cm×17本 (赤紫8本、ミントブルー7本、ミントブルーを½幅にカットして2本)、
84cm×7本 (ミントブルー)

■ 編みひも
93cm×12本 (赤紫6本、ミントブルー6本)

■ 縁ひも
93cm×3本 (赤紫)

■ 持ち手ひも
85cm×8本 (赤紫、ミントブルーを½幅にカットしてそれぞれ4本)

ビニールチューブ (内径9mm)　24cm×2本

04 (縦ストライプ) の作り方

底は、71cmの底ひもを縦に左から赤紫、ミントブルー交互に並べ、84cmの底ひもで横に編む。側面は下からミントブルー、赤紫交互に合計11段編み、12段目は縁ひもを通して作る。

> **POINT**
>
> 03の横ストライプは底の中心に、04の縦ストライプは底ひもの両脇に½幅にカットしたひもを編むことで、本数を奇数に調整している。

▶ 本体を作る

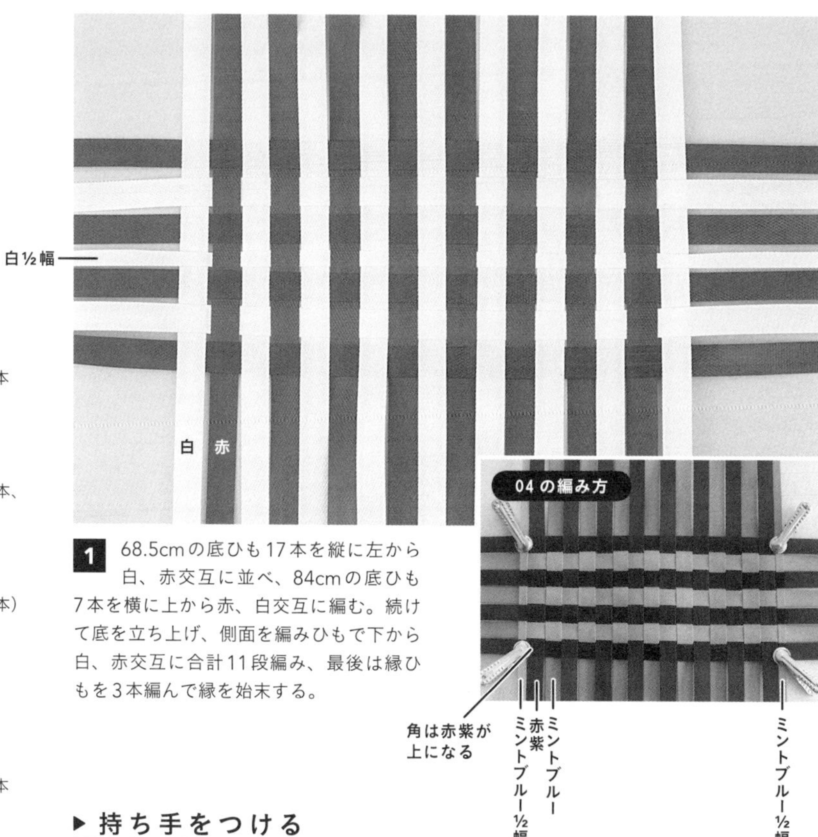

1 68.5cmの底ひも17本を縦に左から白、赤交互に並べ、84cmの底ひも7本を横に上から赤、白交互に編む。続けて底を立ち上げ、側面を編みひもで下から白、赤交互に合計11段編み、最後は縁ひもを3本編んで縁を始末する。

▶ 持ち手をつける

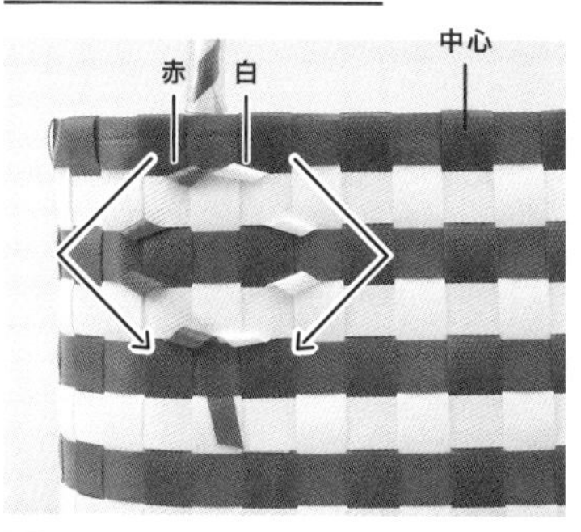

2 P.35「持ち手の作り方」を参照し、38cmの持ち手を斜めストライプ柄で2本作り、写真の位置 (表の中心から6目のところ) につける。

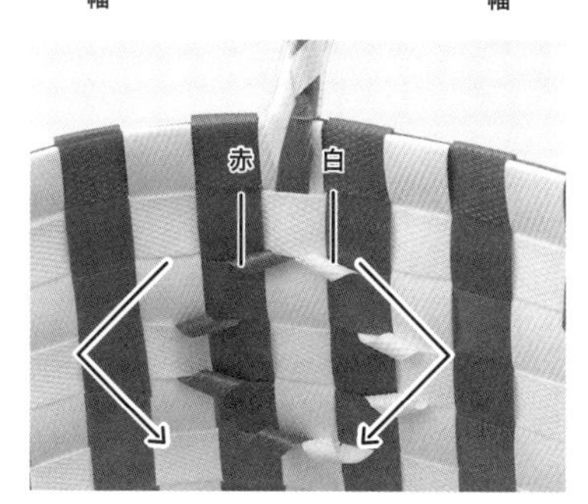

3 内側は写真のように留める。

09,10

収納トレイ ▶ P11

09（大）SIZE : 横19.5×高さ5×縦12.5cm
10（小）SIZE : 横17×高さ5×縦11cm

用意するもの

09（大）
［PPバンド］（15.5mm幅）
■ 底ひも
32.5cm×13本（インディゴ〔紺色〕9本、ベージュよりの金色4本）、
39.5cm×8本（インディゴ〔紺色〕）
■ 編みひも
74cm×2本（インディゴ〔紺色〕）
■ 縁ひも
74cm×3本（インディゴ〔紺色〕）

10（小）
［PPバンド］（15.5mm幅）
■ 底ひも
31cm×11本（ブルーグリーン9本、ベージュよりの金色2本）、
37cm×7本（インディゴ〔紺色〕）
■ 編みひも
66cm×2本（ブルーグリーン）
■ 縁ひも
66cm×3本（ブルーグリーン）

10（小）の作り方

底は31cmの底ひもを縦に左からブルーグリーン4本、金色1本、ブルーグリーン1本、金色1本、ブルーグリーン4本の順に合計11本並べ、37cmの底ひも7本で横に編む。側面は編みひもで2段編み、3段目は縁ひも3本で編み、縁を始末する。

▶ 底を作る

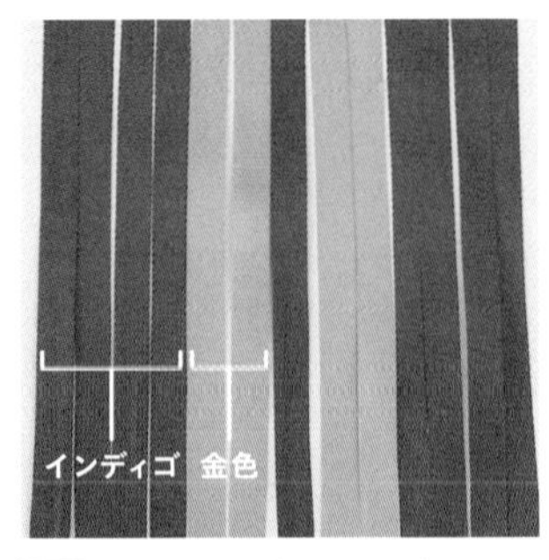

1 32.5cmの底ひもの端をそろえ、左からインディゴ4本、金色2本、インディゴ1本、金色2本、インディゴ4本の順に並べる。

2 39.5cmの底ひも8本を、横に編む。縦横の隙間をつめて整える。

▶ 側面を作る

3 立ち上げて側面を編む。1段目を編み、角はしっかり作る。

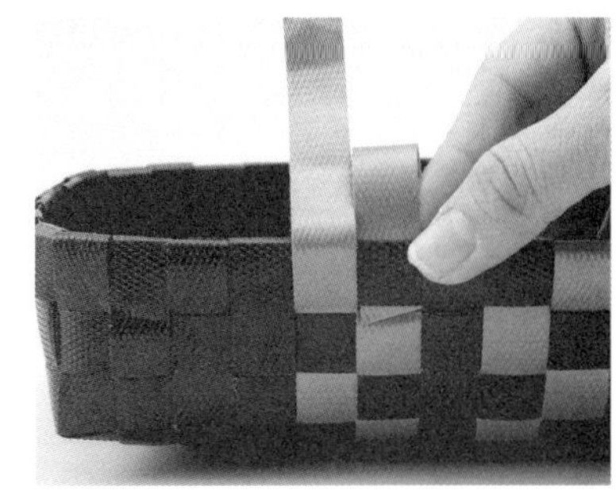

4 2段目も**3**と同様に編む。3段目は縁ひも3本で編む。縁は、底ひもを前後に折り返して始末する。

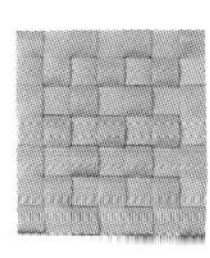

05,06

正方形のコースター ▶ P.10

SIZE : 1辺11.5cm

用意するもの

05
[PPバンド] (15.5mm幅)
■ 編みひも
25cm × 14本 (濃いピンク7本、水色7本)
■ 縁ひも
11.5cm × 8本 (濃いピンク4本、水色4本)

06
[PPバンド] (15.5mm幅)
■ 編みひも
25cm × 14本 (青磁色7本、金色7本)
■ 縁ひも
11.5cm × 8本 (青磁色4本、金色4本)

▶ 本体を作る

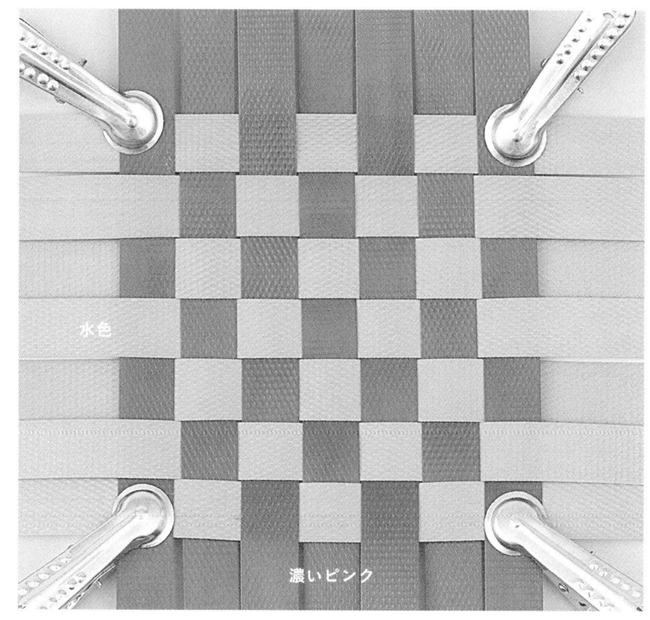

1 編みひもの濃いピンク7本を縦に並べ、水色7本を横に編む。

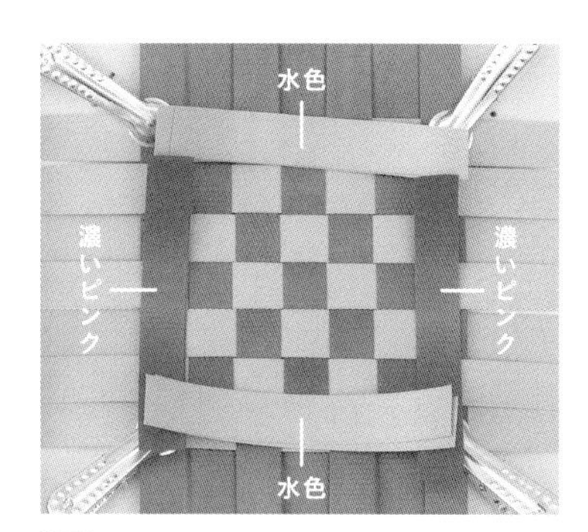

2 4辺に厚みを出すため、縁ひもを2本ずつ通す。

3 縁ひもは片端を角に合わせてピンチで留め、もう片端を編みひもの際でカットする。

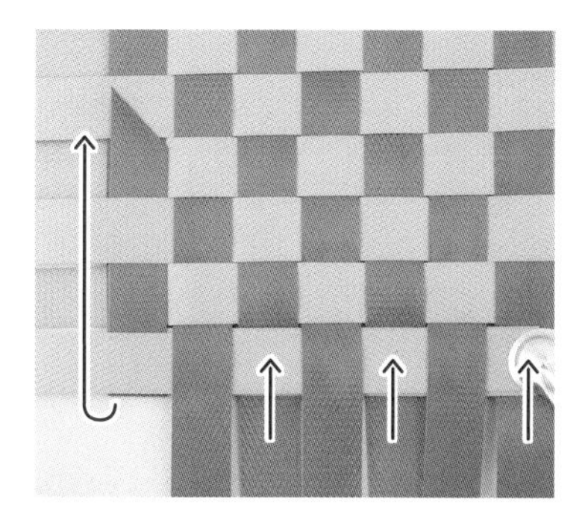

4 下の辺から編む。左角の縦の編みひもを折り返し、外側に1本残るように編み目に差し込む。続けて、1目おきに縦の編みひもを折り返して同様に編む。

5 全体を裏返し、横の編みひもを折り返して編む。

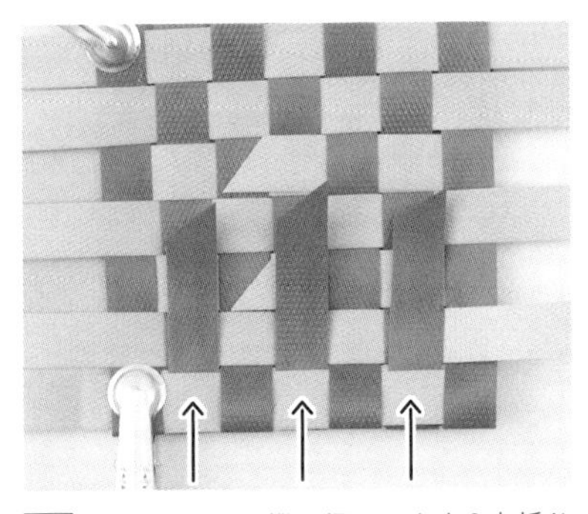

6 続けて残りの縦の編みひもを3本折り返して、編み目に差し込む。外側に1本残るようにすること。これで1辺編めた。

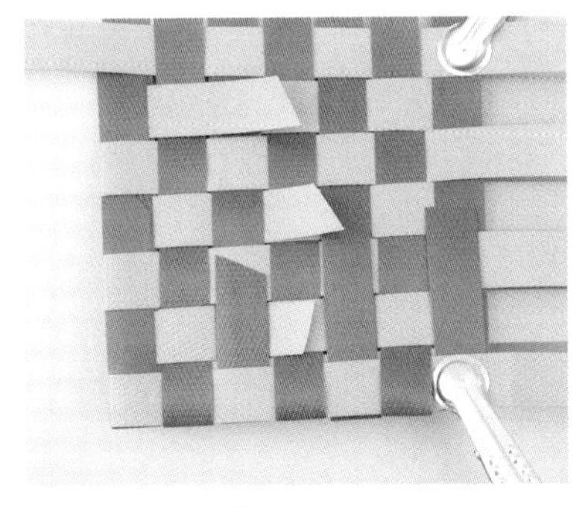

7 続いて左の辺を編む。

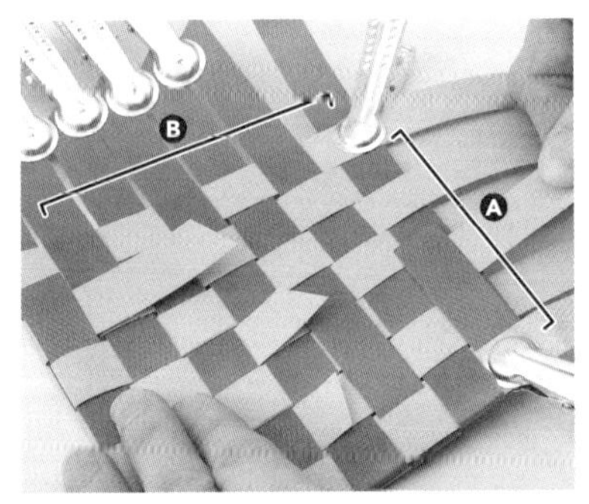

8 2辺編めたら、編みひもを引っぱって隙間をつめながら、続けてⒶ、Ⓑの順に編む。

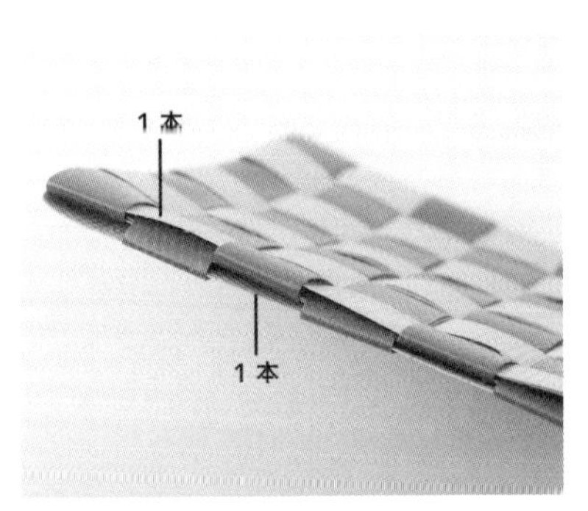

9 縁は必ず、外側に1本残して折り返して差し込む。2本以上残っている場合は、外して差し込み直す。

> **POINT**
>
> 小さい中にテクニックがつまったコースターは、最初に角を1か所しっかりと作ると編みやすい。続けて、編みやすい順に1辺ずつ編む。

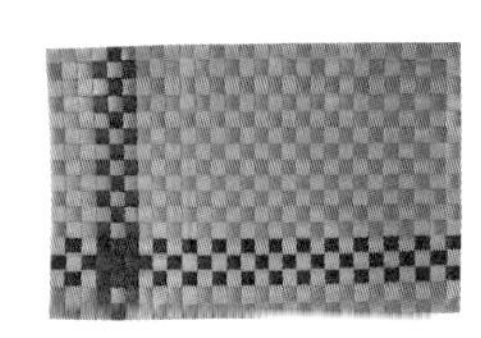

07,08

ランチョンマット ▶ P10

▶ P10

SIZE : 横44 × 縦29cm

用意するもの

07

[PPバンド] (15.5mm幅)

■ 編みひも
39cm × 28本 (金色25本、ダークブラウン3本)、54cm × 17本 (金色14本、ダークブラウン3本)

■ 縁ひも
29cm × 4本 (金色)、44cm × 4本 (金色)

08

[PPバンド] (15.5mm幅)

■ 編みひも
39cm × 28本 (白＋紫ライン25本、水色3本)、54cm × 17本 (白＋紫ライン14本、水色3本)

■ 縁ひも
29cm × 4本 (白＋紫ライン)
44cm × 4本 (水色)

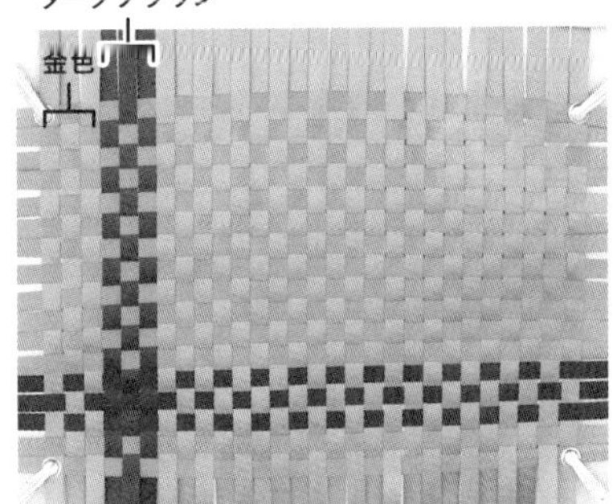

39cmの編みひもを縦に左から、金色3本、ダークブラウン3本、金色22本の順に並べる。54cmの編みひもを横に上から、金色12本、ダークブラウン3本、金色2本の順に編む。縁ひもは4辺に2本ずつ通し、作品**05**、**06**のコースターと同様に4辺を始末する。

> **POINT**
>
> ランチョンマットはコースターよりも縁で始末するひもが多い。そのため縁のひもの端は、はじめから角で折り返した縦と横の編みひもの間に交互になるように挟み、続けて外側に1本残るように始末すると作業がスムーズ。

23

花菱模様のバッグ

▶ P.22

SIZE : 横27×高さ17×マチ10cm　持ち手39cm

用意するもの

［PPバンド］(15.5mm幅)

■ 底ひも
64cm×19本(ダークブラウン)、
71cm×7本(ダークブラウン)

■ 編みひも
94cm×9本(ベージュよりの金色)

■ 縁ひも
94cm×3本(ベージュよりの金色)

■ 持ち手ひも
130cm×8本(ダークブラウンを½幅にカット)

■ 飾りひも
80cm×26本(ダークブラウン、ベージュよりの金色を½幅にカットしてそれぞれ13本)

ビニールチューブ(内径9mm)　39cm×2本

POINT

花菱模様は底ひもを、編みひもよりも濃い色にすると、柄がわかりやすくなる。

▶ 本体を作る

1 64cmの底ひもを縦に19本並べ、71cmの編みひもを横に7本編む。

2 立ち上げて側面を編みひもで9段編み、10段目は縁ひも3本を編み、縁を始末する。

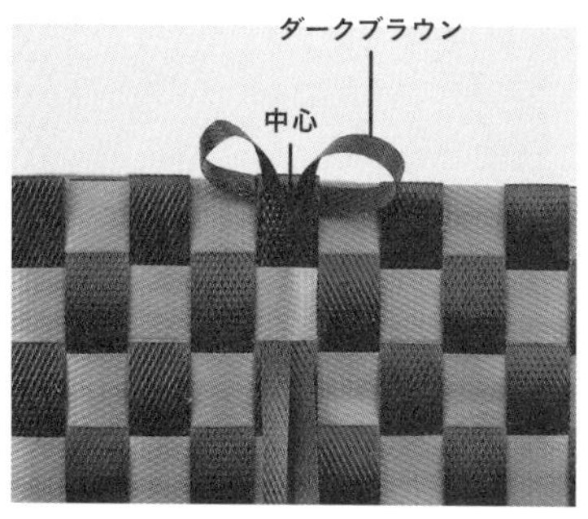

3 表面を飾りひもで飾る。表面の中央の編み目に、ダークブラウンの飾りひもの中心を差し込み、くるりと折り返して下の編み目に差し込む。

▶ 表面を飾る

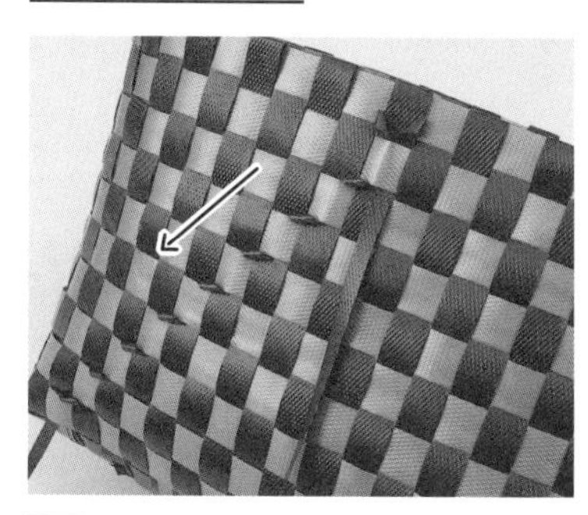

4 左下に向かって、くるりと折り返しながら斜めに編む。

5 一番下の段まで飾ったら、余分は底まで編み目に合わせて差し込み、始末する。

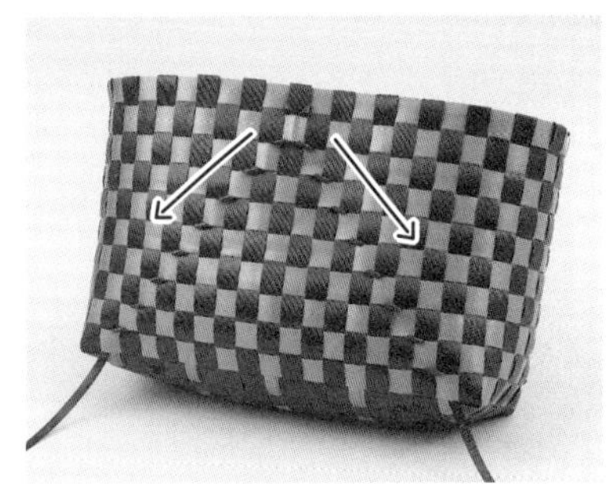

6 左右をハの字になるように編む。

7 1目飛ばして隣に、ベージュよりの金色の飾りひもを**3**～**6**と同様に通して飾る。

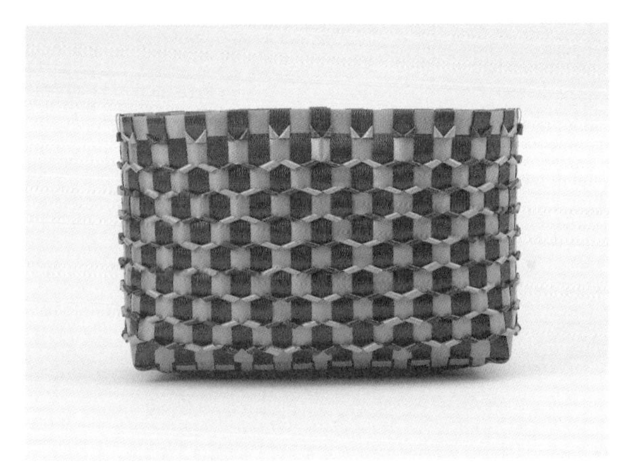

8 ダークブラウンとベージュよりの金色を、交互に通して飾ると、花菱模様になる。

▶ 持ち手をつける

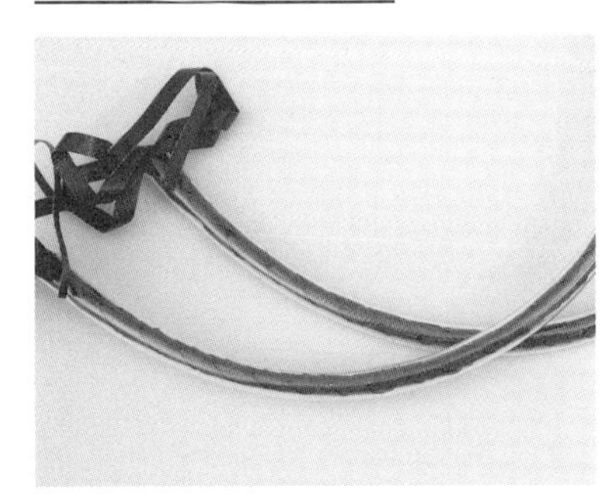

9 P.35「持ち手の作り方」を参照し、持ち手ひもで39cmの持ち手を2本作る。

10 本体の内側の写真の位置（中心から7目のところ）に、持ち手を写真のようにつける。

POINT

飾りひもを斜めに編むか、垂直に編むかで柄に違いが出る。垂直に編むと、作品**31**（P.27）のような柄に。

※作品**23**の底ひもはダークブラウン、作品**27**はベージュよりの金色。

24,25

ジグザグ模様のバッグ ▶ P.23

24（大）SIZE : 横42×高さ25×マチ12cm　持ち手52cm
25（小）SIZE : 横23.5×高さ17×マチ12cm　持ち手20cm

用意するもの

24（大）
［PPバンド］(15.5mm幅)
■ 底ひも
82cm×28本（赤紫）、
112cm×8本（赤紫）
■ 編みひも　128cm×12本（薄紫）
■ 縁ひも　128cm×3本（薄紫）
■ 持ち手ひも
160cm×8本（½幅にカットした赤紫、薄紫をそれぞれ4本）
■ ボタンひも
40cm×2本（赤紫）、50cm×1本（赤紫を¼幅にカット）
■ループひも
60cm×1本（赤紫を⅙幅にカット）
ビニールチューブ（内径9mm）　52cm×2本

25（小）
［PPバンド］(15.5mm幅)
■ 底ひも
66cm×28本（赤紫を½幅にカット）、
77.5cm×8本（赤紫を½幅にカット）
■ 編みひも　85cm×12本（薄紫を½幅にカット）
■ 縁ひも　85cm×3本（薄紫を½幅にカット）
■ 持ち手ひも
80cm×8本（½幅にカットした赤紫、薄紫をそれぞれ4本）
■ ボタンひも　35cm×2本（赤紫）、40cm×1本（赤紫を¼幅にカット）
■ ループひも　50cm×1本（赤紫を⅙幅にカット）
ビニールチューブ（内径9mm）　20cm×2本

※**25**は**24**と同じ作り方で、½の幅のPPバンドで作る。作品**25**は編み目をわかりやすく見せるために大きなサイズで作ったが、実際は作品**24**のように½幅のひもで作るのがおすすめ。

▶ 本体を作る

1 82cmの底ひもを縦に28本並べ、112cmの底ひもを横に8本通し、2本ずつ上下させて底を編む。

2 立ち上げて、側面を編みひもで2本ずつ上下しながら1段目を編む。1周すると最後の目がずれるが、気にせず2本ずつ上下するように編む。

3 角も2本ずつ上下し、ワニロクリップで留めてしっかり作る。

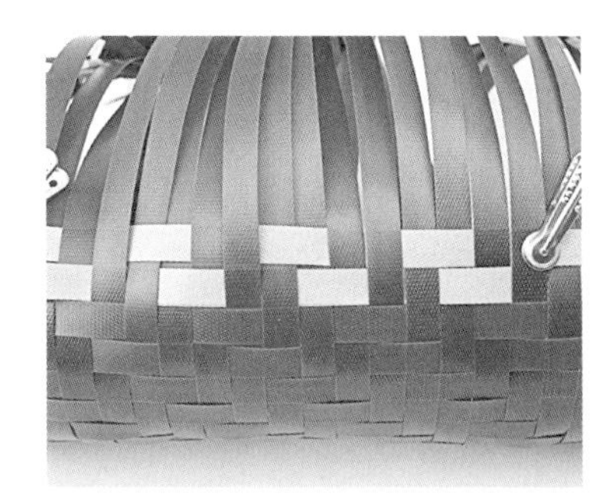

4 2段目は1目ずらし、2本ずつ上下しながら編む。

5 続けて12段目まで編み、縁は2目ずらして縁ひもを3本通し、縁を始末する。

6 縁は底ひもを2本ごとに前後に折り返し、始末すること。

POINT

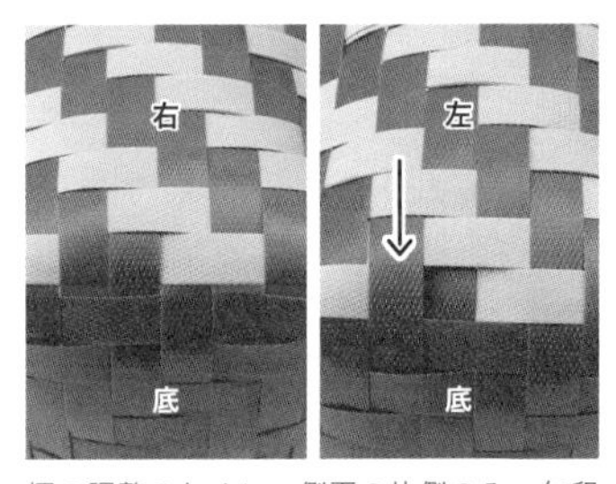

柄の調整のために、側面の片側のみ、矢印の位置の底ひもが3目にわたるが、気にせず編むこと。

▶ 持ち手、ボタン、ループをつける

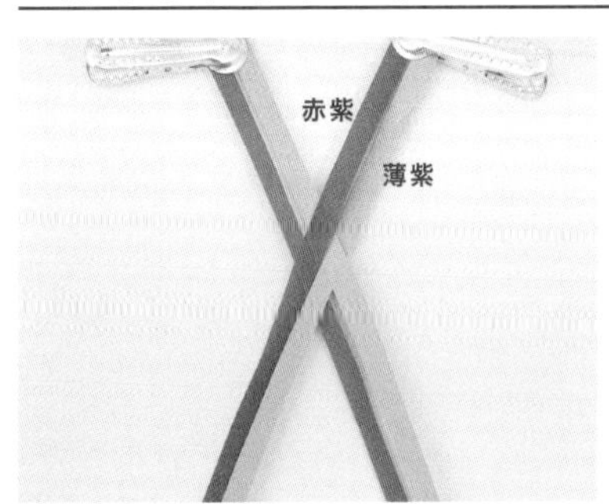

8 P.35「持ち手の作り方」を参照し、持ち手ひもで52cmの持ち手を2本編み、ビニールチューブに通す。P.36、37の「留め具の作り方」と「ループの作り方」を参照し、ボタンひもでボタン1個、ループひもでループ(22cm)1本を作る。

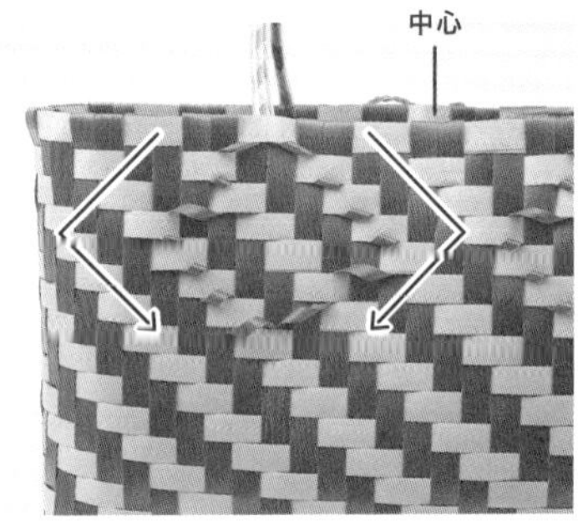

9 本体表面の写真の位置(中心から3目のところ)に持ち手を通し、赤紫2本で写真のようにつける。

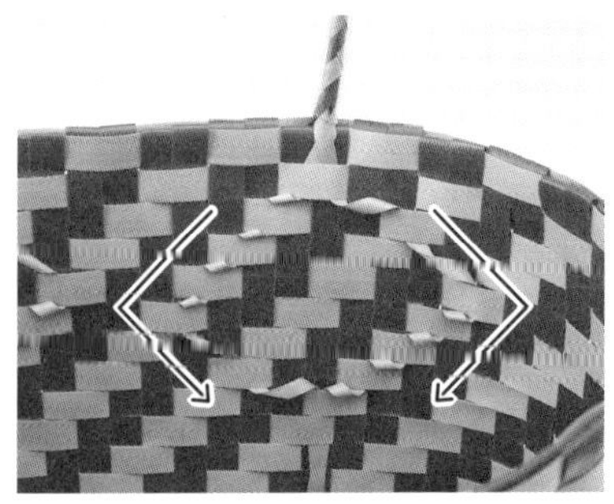

10 内側は1段下に通し、薄紫で写真のようにつける。

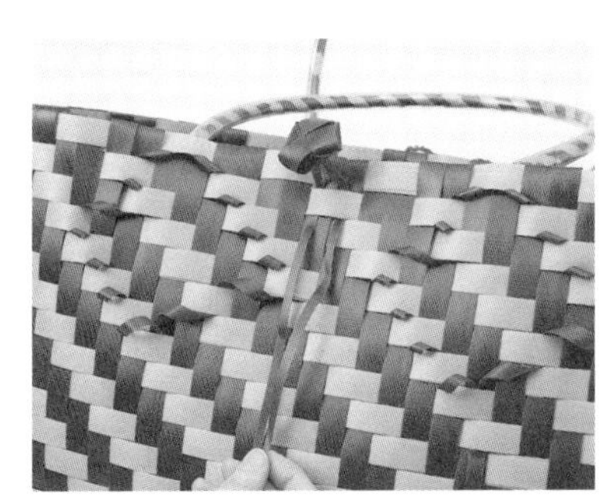

11 表面の中心の上から2段目にボタンを差し込む。

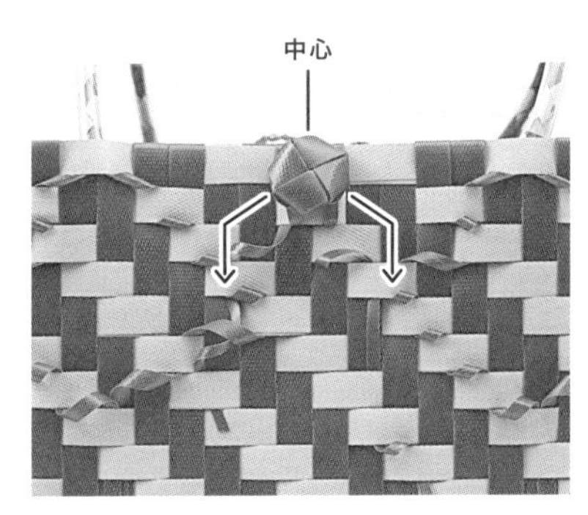

12 左右に向かって、写真のようにつける。

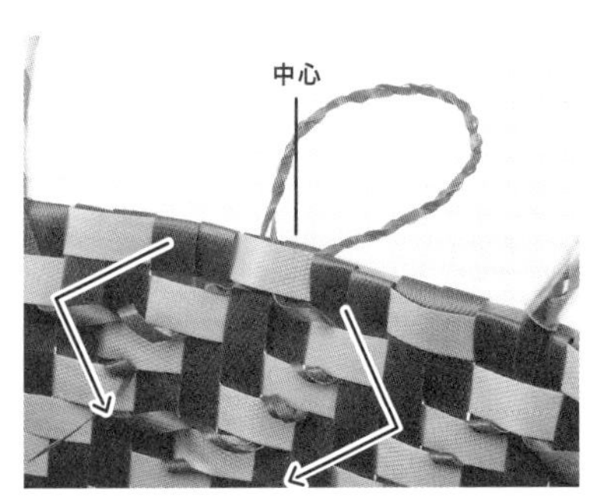

13 後面の中心にループを差し込み、写真のようにつける。持ち手、ボタン、ループは左右対称に留められないが、しっかり留まればどこを通してもかまわない。

28

ビタミンカラーのバッグ ▶P.25

SIZE : 横28×高さ22×マチ10cm　持ち手34cm

用意するもの

［PPバンド］(15.5mm幅)

■ 底ひも
74cm×36本（黄緑12本、赤4本、白8本、オレンジ6本、緑6本をそれぞれ½幅にカット）、
92cm×11本（緑5本、赤1本、白5本をそれぞれ½幅にカット）

■ 編みひも
96cm×23本（黄緑）

■ 縁ひも
96cm×3本（黄緑）

■ 持ち手ひも
110cm×8本（½幅にカットした黄緑、赤、白、オレンジをそれぞれ2本）

ビニールチューブ（内径9mm）　34cm×2本

▶ 本体を作る

1 74cmの底ひもを左から黄緑6本、赤1本、白4本、赤1本、オレンジ6本、緑6本、赤1本、白4本、赤1本、黄緑6本の順に縦に並べる。

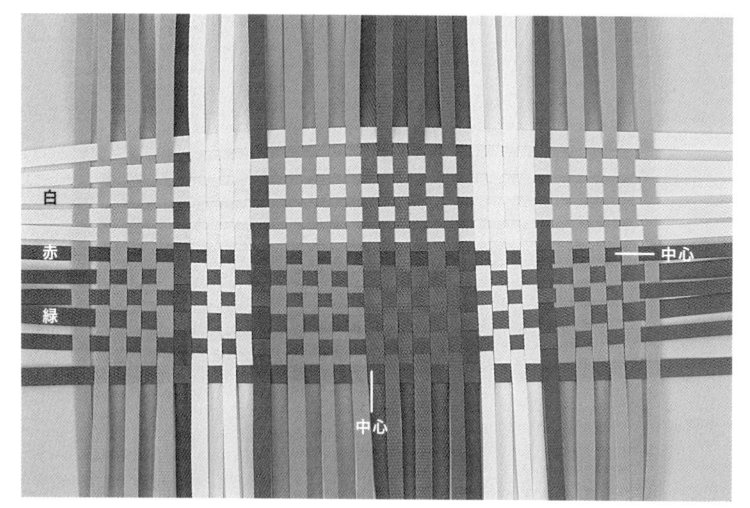

2 92cmの底ひもを上から白5本、赤1本、緑5本横に交互に上下するよう通して編む。

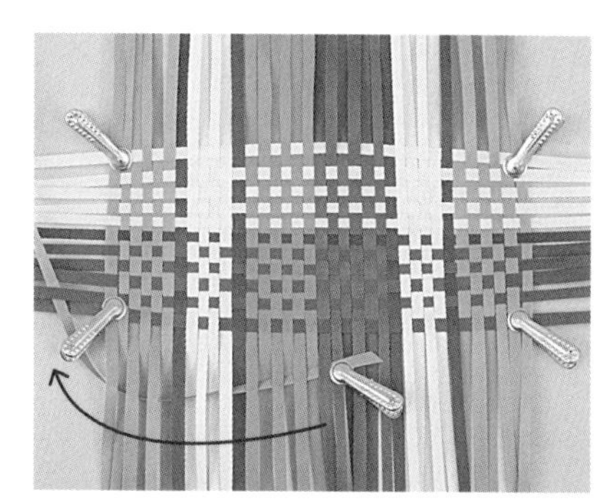

3 立ち上げて側面を編む。編みひも1本を通し、上下が交互になるように1段目を編む。角も2本ずつ上下し、ワニ口クリップで留めてしっかり作る。

4 続けて2段目も角をしっかり作りながら編む。

5 続けて23段目まで編み、24段目は緑ひもを3本通す。緑は底ひもを前後に折り返し、始末する。

▶持ち手をつける

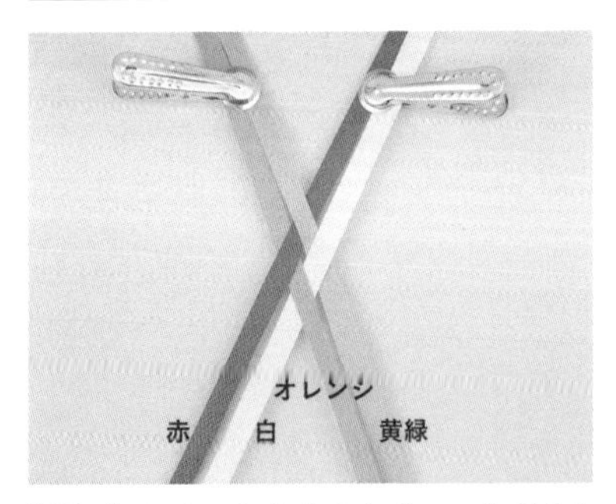

6 持ち手ひも各色1本ずつ、合計4本で、P.35「持ち手の作り方」を参照し、34cmの持ち手を2本編み、ビニールチューブに通す。合計2本作る。

7 持ち手ひもを本体表面に差し込む。中心から11目のところに白、12目の上から2段目にオレンジを差し込む。

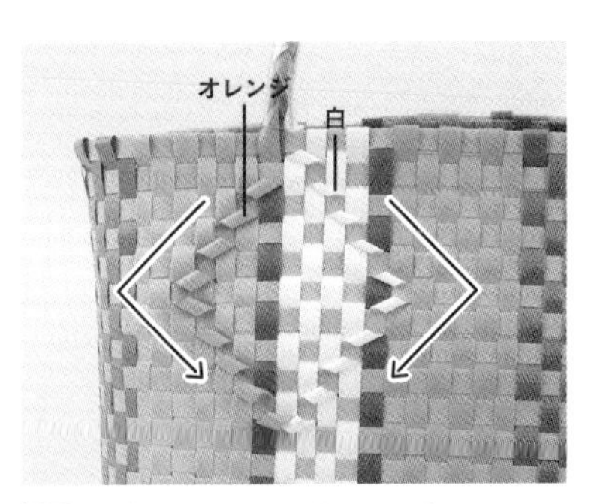

8 写真のように下に向かって留める。

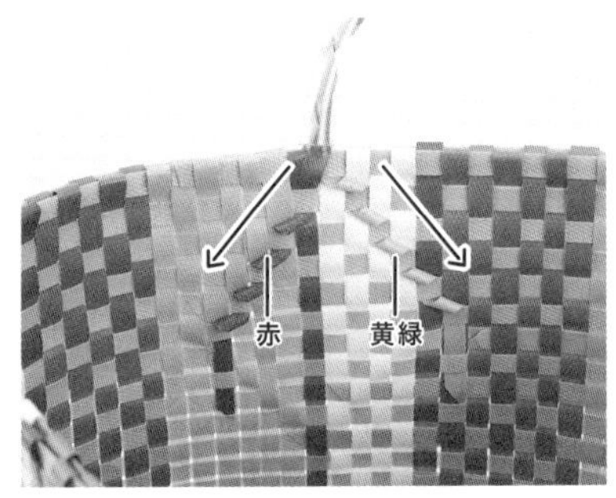

9 内側は11目のところに黄緑、12目の上から2段目に赤を差し込み、下に向かってハの字に留める。

10 後面の表は、持ち手ひもを白とオレンジに変えてアレンジ。

POINT

本体はすべて半分の幅にカットしたひもで編むので、繊細な仕上がり。隙間をしっかりつめて仕上げたい。

30,31
うろこ編みのバッグ ▶ P.27

30 SIZE : 横22.5×高さ17.5×マチ11cm　持ち手32cm
31 SIZE : 横27×高さ17×マチ10cm　持ち手39cm

用意するもの

30
[PPバンド] (15.5mm幅)
■ 底ひも
66cm×15本 (ブルーグリーン)、
77.5cm×7本 (ブルーグリーン)
■ 編みひも
87cm×10本 (ブルーグリーン)
■ 縁ひも
87cm×3本 (ブルーグリーン)
■ 持ち手ひも
90cm×8本
(ブルーグリーンを½幅にカット)
■ 飾りひも
60cm×22本
(ブルーグリーンを½幅にカット)
ビニールチューブ (内径9mm)
32cm×2本

31
[PPバンド] (15.5mm幅)
■ 底ひも
64cm×19本 (ダークブラウン)、
71cm×7本 (ダークブラウン)
■ 編みひも
94cm×9本 (ベージュよりの金色)
■ 縁ひも
94cm×3本 (ベージュよりの金色)
■ 持ち手ひも
100cm×8本
(ダークブラウンを½幅にカット)
■ 飾りひも
60cm×26本 (ダークブラウン、
ベージュよりの金色を½幅にカット
してそれぞれ13本)
ビニールチューブ (内径9mm)
39cm×2本

▶ 本体を作る

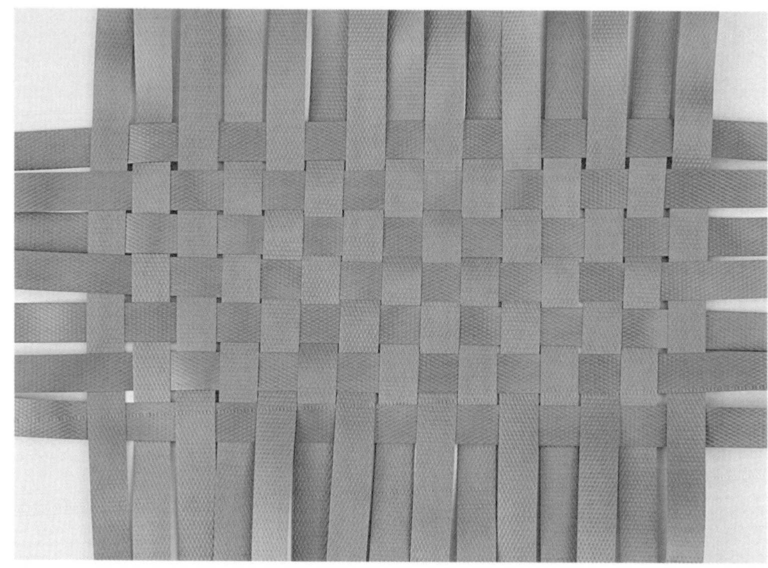

1 66cmの底ひもを縦に15本並べ、77.5cmの底ひもを横に7本通して底を編む。立ち上げて側面を編みひもで10段編み、11段目は縁ひも3本を編み、縁を始末する。

▶ 持ち手をつける

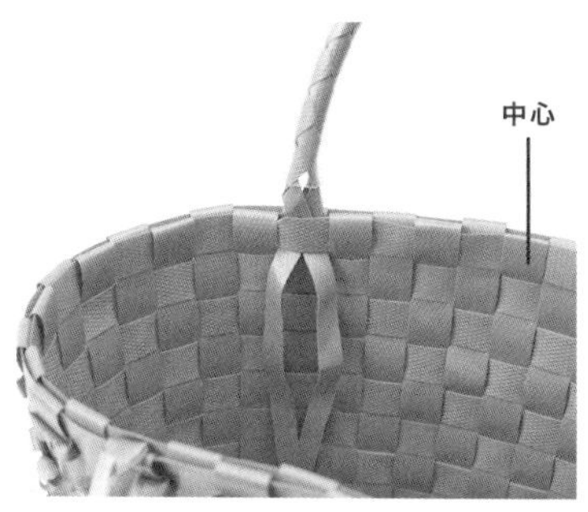

2 P.35「持ち手の作り方」を参照し、持ち手ひもで32cmの持ち手2本を作る。本体内側の写真の位置 (中心から5目のところ) に持ち手ひもを差し込む。

3 下に向かって3段分留める。持ち手2本を同様につける。

▶ 表面を飾る

4 表面を飾りひもで飾る。表面の持ち手のすぐ下の編み目に、飾りひもの中心を通す。

5 左右でくるりと折り返し、下の編み目に差し込む。

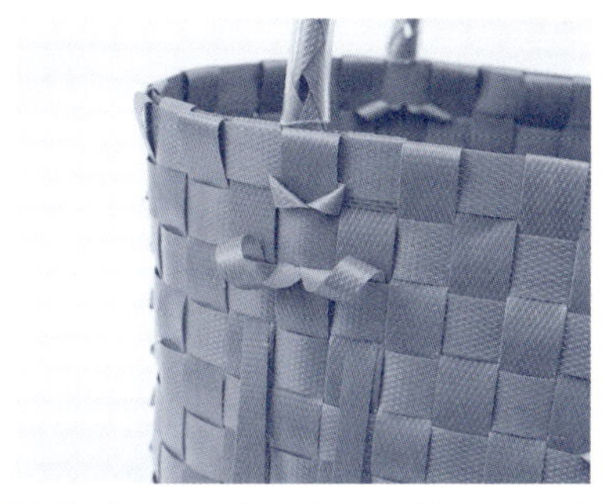

6 続けて、同様にくるりと折り返し、隣の編み目に差し込む。

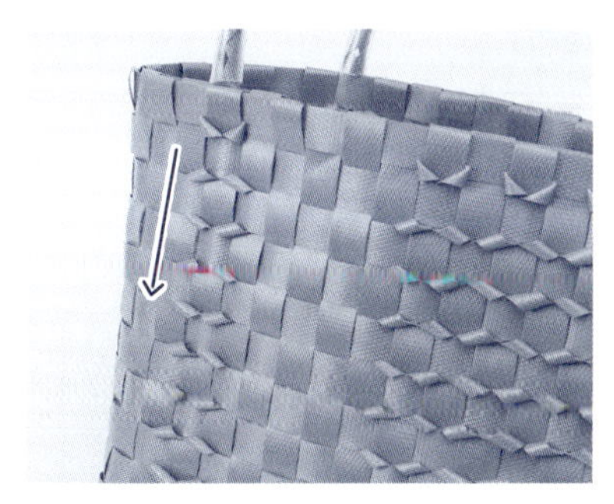

7 続けて一番下まで同様に通して飾る。

8 余分は底まで編み目に合わせて差し込み、始末する。

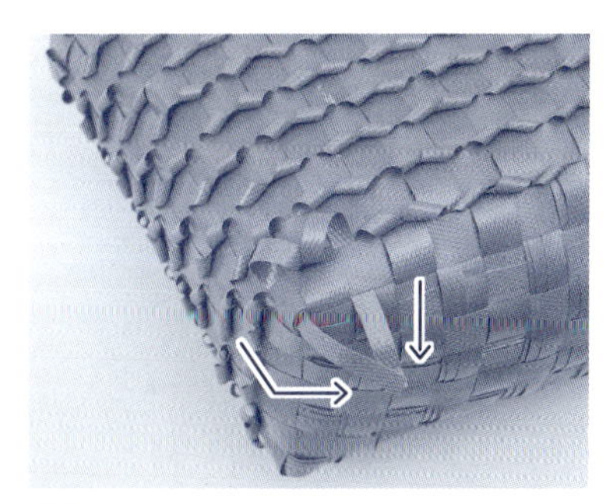

9 角は自然に折り、底まで差し込み始末する。

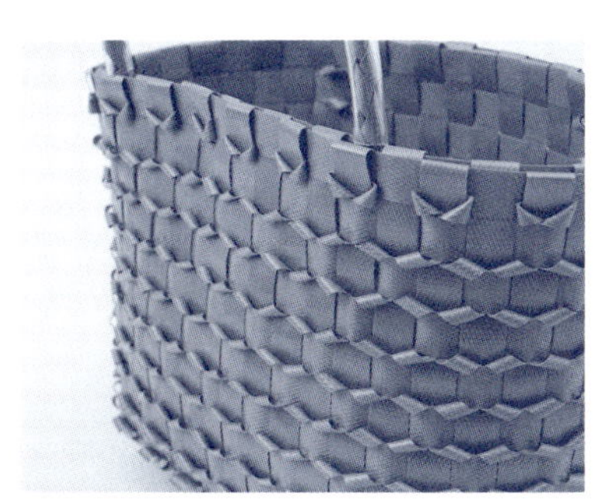

10 飾りひも22本で、全面を飾る。

▶ 31の作り方

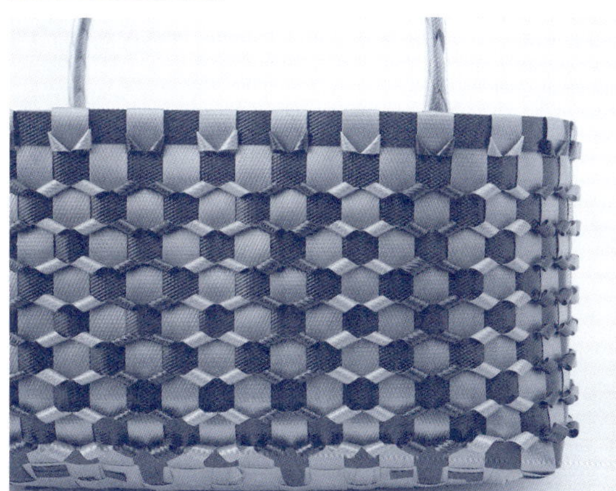

1 P.72の「花菱模様のバッグ」と同じように本体を作る。

2 作品30の**4**～**8**と同様に、飾りひもを縦に、2色交互に飾る。

32,33,34の材料

32 大きなクロス模様のトートバッグ HOW TO MAKE P.38

SIZE : 横28×高さ16×マチ14.5cm　持ち手32cm

用意するもの

[PPバンド] (15.5mm幅)
※作品番号32は全てベトナム製のPPバンドを使用。

■ 底ひも
縦70cm×19本（ブルーグリーン）
横80cm×10本（ブルーグリーン）

■ 編みひも
105cm×9本（ブルーグリーン）

■ 縁ひも
105cm×3本（ブルーグリーン）

■ 持ち手ひも
75cm4本(ブルーグリーンを½にカットしてそれぞれ2本)

■ ボタンひも
35cm×2本（ブルーグリーン）
40cm×1本（ブルーグリーンを¼幅にカット）

■ ループひも
40cm×1本（ブルーグリーン）⅙幅にカット

■ 飾りひも
縦／61cm×5本（黄色よりの金色）
横／95cm×3本（黄色よりの金色）
コの字型3.6cm×132本（黄色よりの金色）

ビニールチューブ（内径9mm）32cm×2本

33 フラワーの飾りつきバッグ HOW TO MAKE P.38-39

SIZE : 横28×高さ16×マチ14.5cm　持ち手32cm

用意するもの

[PPバンド] (15.5mm幅)

■ 底ひも
縦70cm×19本（ホワイト）　横80cm×10本（ホワイト）

■ 編みひも
105cm×9本（ホワイト）

■ 縁ひも
105cm×3本（ホワイト）

■ 持ち手ひも
75cm4本(ホワイトを½にカットしてそれぞれ2本)

■ ボタンひも
35cm×2本（ホワイト）40cm×1本（ホワイトを¼幅にカット）

■ ループひも
40cm×1本（ホワイト）⅙幅にカット

■ 飾りひも
お好みの色のPPバンド
短いひも：約3.6cm×16本　長いひも：8.7cm×3本
中間のひも：6.5cm×1本

ビニールチューブ（内径9mm）32cm×2本

34 ポケットつきバッグ HOW TO MAKE P.39

SIZE : 横27.5×高さ16×マチ12cm　持ち手36cm

用意するもの

[PPバンド] (15.5mm幅)
※作品番号32は全てベトナム製のPPバンドを使用。

■ 底ひも
縦67cm×19本（白緑、さくら、濃赤、トープを各3本、青磁色、クリアピンクを各2本、紅ピンク、ベビーピンク、くるみ色を各1本）
横86cm×8本（白緑、クリアピンク、青磁色、ベビーピンク、紅ピンク、くるみ色、さくら、濃赤を各1本）

■ 編みひも
96cm×10本（さくらを2本、紅ピンク、くるみ色、濃赤、青磁色、黄色、ベビーピンク、白緑、クリアピンク各1本）
※編みひもは、10段編んで11段目（縁ひも）は、3本重ねです。

■ 縁ひも
96cm×3本（濃赤）

■ 持ち手ひも
100cm×8本
（濃赤、くるみ色、紅ピンク、さくらを½にカットして各2本）

■ ボタンひも
40cm×2本（さくら、濃赤）
50cm×1本（さくらを¼幅にカット）

■ ループひも
50cm×1本（さくら）

■ 飾りひも
ビニールチューブ36cm×2本

ポケット

■ 底ひも
縦54cm×11本（白緑）　横65cm×4本（白緑）

■ 編みひも
62cm×11本（編みひもは、8段編んで9段目は3本重ねです）